U0049833

田立克

Paul Tillich

王　珉／著

編輯委員：李英明　孟樊　陳學明
龍協濤　楊大春

出版緣起

　　二十世紀尤其是戰後，是西方思想界豐富多
變的時期，標誌人類文明的進化發展，其對於我
們應該具有相當程度的啓蒙作用；抓住當代西方
思想的演變脈絡以及核心內容，應該是昂揚我們
當代意識的重要工作。孟樊兄和浙江杭州大學楊
大春副教授基於這樣的一種體認，決定企劃一套
《當代大師系列》。

　　從八〇年代以來，台灣知識界相當努力地引
介「近代」和「現代」的思想家，對於知識分子和
一般民眾起了相當程度的啓蒙作用。

　　這套《當代大師系列》的企劃以及落實出版，
承繼了先前知識界的努力基礎，希望能藉這一系

列的入門性介紹書，再掀起知識啓蒙的熱潮。

孟樊兄與楊大春教授在一股知識熱忱的驅動下，花了不少時間，熱忱謹慎地挑選當代思想家，排列了出版的先後順序，並且很快獲得生智文化事業公司葉忠賢先生的支持，因而能夠順利出版此系列叢書。

本系列叢書的作者網羅了兩岸學者專家以及海內外華人，為華人學界的合作樹立了典範。

此一系列書的企劃編輯原則如下：

1. 每書字數大約在七、八萬字左右，對每位思想家的思想進行有系統、分章節的評介。字數的限定主要是因為這套書是介紹性質的書，而且為了讓讀者能方便攜帶閱讀，提昇我們社會的閱讀氣氛水準。

2. 這套書名為《當代大師系列》，其中所謂「大師」是指開創一代學派或具有承先啓後歷史意涵的思想家，以及思想理論具有相當獨特性且自成一格者。對於這些思想家的理論思想介紹，除了要符合其內在邏輯

機制之外，更要透過我們的文字語言，化
解語言和思考模式的隔閡，為我們的意識
結構注入新的因素。

3. 這套書之所以限定在「當代」重要的思想
家，主要是從八〇年代以來，台灣知識界
已對近現代的思想家，如韋伯、尼采和馬
克思等先後都有專書討論。而在限定「當
代」範疇的同時，我們基本上是先挑台灣
未做過的或做得不是很完整的思想家，作
為我們優先撰稿出版的對象。

另外，本系列書的企劃編輯群，除了包括上
述的孟樊先生、楊大春教授外，尚包括筆者本
人、陳學明教授和龍協濤教授等五位先生。其中
孟樊先生向來對文化學術有相當熱忱的關懷，並
且具有非常豐富的文化出版經驗以及學術功力，
著有《台灣文學輕批評》(揚智文化公司出版)、
《當代台灣新詩理論》(揚智文化公司出版)、《大
法官》(揚智文化公司出版)、《大法官會議研究》
等著作；楊大春教授是浙江杭州大學哲學博士，

目前任教於杭大，專長西方當代哲學，著有《解
構理論》(揚智文化公司出版)、《德希達》(生智文
化事業出版)、《後結構主義》(揚智文化公司出
版)等書；筆者本人目前任教於政大東亞所，著有
《馬克思社會衝突論》、《晚期馬克思主義》(揚智
文化公司出版)、《中國大陸學》(揚智文化公司出
版)、《中共研究方法論》(揚智文化公司出版)等
書；陳學明是復旦大學哲學系教授、中國國外馬
克思主義研究會副會長，著有《現代資本主義的
命運》、《哈貝馬斯「晚期資本主義論」述評》、
《性革命》(揚智文化公司出版)、《新左派》(揚智
文化公司出版)等書；龍協濤教授現任北大學報編
審及主任，並任北大中文系教授，專長比較文學
及接受美學理論。

　　這套書的問世最重要的還是因爲獲得生智文
化事業公司總經理葉忠賢先生的支持，我們非常
感謝他對思想啓蒙工作所作出的貢獻。還望社會
各界惠予批評指正。

李英明
序於臺北

序　　言

　　近代以來，人們開始享受著工業生產和科學技術帶來的物質生活幸福。人們不僅努力滿足自己自然欲望的需要，而且不斷創造出新的物質欲望和感官消費的需要。與此同時，人們對於自己的精神關懷卻日益淡漠。也許是因為現代的人們太忙碌於不停地創造和消費，不再有時間去仰望天空的星辰，凝視腳下的大地：不再有時間去思考人和人、人和自然的過去、現在與未來，他們的精神失去了應有的「深度」。

　　田立克面對現代人的消費主義和科學主義，提出了充滿人文精神的「終極關懷」。他迎著侵蝕精神需求的物質消費主義的浪潮，竭力喚起人

對自身的精神性關懷的意識，並且提出了這個關懷的「根據」和「深度」。他面對企圖統治一切的科學霸權主義的浪潮，提倡一種與科學精神並行不悖的人文精神，而且努力使科學精神和人文精神處在互相促進、協調發展的狀態之中。此外，面對人文主義對於宗教思潮的巨大衝擊，田立克努力倡導著與人文精神相一致的基督教精神。他力圖使當代存在主義對人的強調和基督教神學對神的強調統一起來，將體現時代精神的存在主義哲學思想運用於傳統基督教神學的改造，同時，又將傳統的基督教神學改造為挽救當代西方社會中人性衰落的精神工具。正是由於田立克對於當代精神生活狀態的深刻洞察以及為今日眾多的惶惑心靈充當嚮導的啟示，因此了贏得了千百萬人的精神共鳴。

　　或許，有人因為長期沉湎於「普通」的、「表面」的生活之中，他不需要也無法達到田立克所說的「終極關懷」狀態。不過，只要他知道了世界上還存在著「終極關懷」的為人處世的境界，就不免偶爾會有心靈的顫動，從而或多或少地昇

華自己的精神。「終極關懷」開啓著人們對人及
其世界在疏遠狀態中的困境意識，引發著人對個
體和人類的全新的「自我意識」，啓示著人對生
活的永恆追求。

　　在《田立克》這本書中，作者圍繞著「終極
關懷」的主題，對田立克的宗教神學觀、倫理道
德觀、社會歷史觀、宗教藝術論和宗教方法論作
了介紹。本書的內容中只是粗淺地提供了瞭解田
立克博大精深思想的一個小小的窗口。如果它能
使大家由此進入閱讀田立克本人著作的航行，那
是作者的莫大幸福。

　　　　　　　　　　　　　王　珉

　　　　　　　　　　一九九九年十月

目　錄

導　論

　　田立克是當代橫跨哲學和神學兩大領域的著
名思想家。他的哲學與宗教思想被讚譽爲「本世
紀中期一項紀念碑式的思想成就」。他所提出的
「終極關懷」思想已經深深地影響著當今人文科學
的各個領域。

　　田立克十分關注當代資本主義社會的種種不
合理現象。他傾注全部熱情和畢生精力，研究了
基督教思想在人的生存和現代社會中的作用問
題。他站在基督教新正統主義和二十世紀生存主
義哲學的立場上，提出了上帝就是「終極關懷」之
象徵的神學新見解，將人的生存和命運與「終極
關懷」緊密地聯繫起來。

　　田立克認爲，人類的物質生活和精神生活必

須在一個新的基礎上統一起來。這種新的基礎以
「終極關懷」為精神核心。終極關懷與偶像崇拜相
對立。偶像崇拜是人們將有限的直接對象當作終
極目的加以無條件關懷的現象。真正終極的東
西，必須是我們自身參與其中的東西，必須是超
越了主體和客體關係的東西，必須是無限地高出
於一切存在著的客體和對象的東西。這個唯一的
真正終極的東西，我們在神學上稱它為上帝，在
哲學上稱它為存在的力量和意義。終極關懷就是
人類超越自己的直接的和次終極的利益與要求，
而無條件地追尋存在的價值和意義的思想與活
動。田立克的終極關懷理論，恢復和發展了宗教
神學關心人類生存意義的本體論內涵，也對神學
作出了不同於傳統教義的全新詮釋。

在田立克看來，上帝是終極關懷的象徵。上
帝所表現的是人類所終極地寄予關懷的內容。在
基督教神學史上，關於上帝的存在的信仰以及對
這個信仰的論證，顯然存在著兩個不同的傳統：
一個是斐洛和托馬斯所主張的自然理性的傳統。
另一個是保羅、奧古斯丁所奉行的神秘啟示的傳

統。田立克繼承的是保羅主義的思想遺產。他將
這個傳統與當代強調生存體驗的存在主義哲學結
合起來。他提出，上帝是存在自身，對上帝的信
仰是人類精神生活的深層體現。同時，上帝又是
具有人格性的存在。他透過耶穌宣示自己。耶穌
基督既是上帝與人相遇的中介，又是生存異化條
件下的新存在的樣板。人的罪孽是人與自然、人
與人、人與上帝的相疏遠。上帝對人的拯救就是
使人同已疏遠者重新結合，即，使人與自然、人
與他人、人與自身本質的再和解、再統一、再復
活。田立克選擇了基督論的兩個中心象徵即「基
督的十字架」和「基督的復活」來論述耶穌基督
作爲新存在的神學意義。前一個象徵表現的是耶
穌基督受制於現實的生存存在的狀況。後一個象
徵表現的是作爲耶穌基督的新存在已經戰勝了那
種使自己分裂與疏遠的邪惡的狀況。田立克對
「終極關懷」的宗教論闡述，既堅持了基督教新教
神學的某些傳統立場，又使這種神學充實了富有
時代新意的現代思想內容。

　　田立克對愛、力量和正義及其它的相互關係

第一章
田立克的生平和著作

一、生平簡歷

保羅·田立克（Paul Tillich, 1886-1965）回憶他正式進入教會的情景時說：那會兒他年方十五，受命從《聖經》中選一段落在眾人面前背誦，以表達他對《聖經》的意義和基督教會的理解。他背下的是《聖經·馬太福音》裡的話：

> 那時，耶穌說：「父啊，天地的主，我感謝你！因為你將這些事向聰明通達的人就藏起來，向嬰孩就顯出來。父啊，是的，因為你的美意本是如此。一切所有的，都是我父交付我的；除了父，沒有人知道子；除了子和子所願意指示的，沒有人知道它。凡勞苦擔重擔的人，可以到我這裡來，我就使你們得安息。我心裡柔和謙卑，你們當負我的軛，學我的樣式，這樣，你們心裡就必得享

安息。因為我的軛是容易的我的擔子是輕省
的。」

當田立克背出這些話後，有人詫異甚至嘲弄
地問他為什麼偏偏選中這一段。因為那時的田立
克「生活美滿，既沒有勞苦也沒有重負。我無法
回答。我稍感窘迫，但也在根本上感到自己並沒
有將這句話理解錯。」[1]確實，在田立克後來的日
子裡，他生活優裕，卻願意承擔苦難與重負。他
以無盡的愛，挑起批判現實的負擔。他深深懂
得，神學家的任務不是去發表甜蜜的宗教的胡言
亂語，而是要把每一種觀點，包括「宗教的」觀
點都置於徹底的審判之下，讓每一種觀點都承擔
起責任。他關心的是人類生存中不容忽視的深
淵。由於他坦率而公開地批判希特勒的國家社會
主義，同納粹黨發生了衝突，因而被迫放棄教
席，離開德國，移居美國。正如他自己後來自嘲的
那樣，他是第一個「享此殊榮的非猶太人學者」。
　　由於田立克的思想極為豐富，人們對他的思
想性質眾說紛紜。有人認為他是一個新正統主義

神學家，有人把他當作存在主義神學大師，也有人覺得他所做的都是在摧毀基督教的思想。從哲學與神學的關係來看，田立克的思想基調是基督教和存在主義的結合；從宗教與世俗文化的關係來說，他的很多工作都是在確立一種更為深刻的文化神學。雖然在成年後的大部分時間裡，他一直是一個系統神學的教師，但宗教與文化方面的問題始終是興趣的中心。他的大多數論著，包括《系統神學》，都試圖確立一種將基督教和世俗文化聯繫起來的方式。

德裔美國基督教哲學家和神學家保羅·田立克的誕生地是德國的斯塔澤德爾（Starzeddel）。田立克出生在十九世紀末這個事實，恰好將他置於兩個世紀的交界處，從而使他生活在兩種不同精神氣質的邊緣上。他是一位路德教牧師的兒子。由於先是生活在農村，田立克總是感覺到他被強有力地吸附在土地上。只要他一談到樹，他的浪漫品質就充分地洋溢出來了。路德教的家庭氛圍，波羅的海海濱度過的童年歲月，是他對於大自然和神聖者終身保持的浪漫主義意識的主要

源泉。在田立克十四歲時，他的父親就被召集到
了柏林的一個新位置上，這也使小伙子感到喜
悅，因爲除了土地、天氣和森林，田立克也對生
氣勃勃的城市感到興趣。這時他到柏林的一所語
法學校繼續他的古典文化的學習。田立克先後在
柏林大學、圖賓根大學和哈雷大學求學。1911年
獲布列斯勞大學哲學博士學位。1912年他被任命
爲福音派路德教會的神職人員。第一次世界大戰
中任隨軍牧師。戰爭的屠殺和破壞使他深受刺
激。他從凡爾登戰場的塹壕裡寫信給他的父親
說：「地獄般的痛苦狂熱地包圍著我們。真是不
可想像！」[2]對於戰爭的痛苦體驗驅使他去尋找寬
慰。他沉浸在藝術史中，研究那些描述痛苦的作
品。由此，他進入了整個文化的領域。戰爭體驗
的另一個結果表現爲他對社會主義的轉變。在第
一次世界大戰之前，田立克是不怎麼關心政治
的。戰前他一直忙於撰寫論述謝林和施萊馬赫爾
以前的超自然主義神學的著作，因爲他被捲入了
戰爭，也因爲戰爭最後一年的革命，他對戰爭的
政治背景、資本主義和帝國主義的相互聯繫、資

和芝加哥大學擔任教授。他經常同大學生和研究
生討論人類存在的意義。

　　在橫跨哲學和神學兩大領域的二十世紀思想
家中，田立克是地位最高的代表人物之一。沃特
・蘭道爾（Randall）說：「田立克主要的不是一
個預言家── 一個虔誠的以靈感的印記帶來即時
的信念的人── 而是一個哲學家。他的感染力依
賴於理性的掌握和理性的論證。對我來說，保羅
・田立克不僅是當代一位富有天資的新教神學
家，而且是一位最有說服力的生存主義哲學的闡
述者。更重要的是，他是當代一個對於激活形而
上學的詢問的真正的貢獻者。他的思想是第一流
的哲學思想。」[3]哈特沃納　（Hartshorne）　則指
出：「我高興地宣布田立克是急劇增多的主張
『多極的』有神論或泛神論的夥伴之一。這是我們
中的一些人爲之自豪的。」[4]利文斯頓說：「保羅
・田立克對古典基督教神學的各種主題所作的生
存主義的重新解釋，是本世紀中期一項紀念碑式
的思想成就。」[5]羅伯特在研究田立克的思想時提
出：「在田立克的神學中，人的學說處於明顯的

核心地位。他的系統中的五個理論的每一個部分，都是以人類生存（普遍的生存）的分析開始的。這種分析作爲提出神學問題的基礎。把這些問題放在一起，就構成了一個完整的闡述。它包括：(1) 人的理性；(2) 人的有限性；(3) 人的罪；(4)人的生活統一性；(5)人的命運。五個相關答案的內容是：啓示、上帝、基督、神聖精神和上帝王國。」[6]在宗教哲學領域，田立克之所以聲名卓著，這一方面是由於他作爲神學家從基督教神學的角度分析了現代西方社會中人的生存所陷入的困境的性質及其原因，特別是揭示了人類中心主義和理性主義在近代西方被絕對化所造成的使人非人化（異化、物化、對象化）以及放棄道德理想和精神追求等消極後果，並由此表現了他對人的命運、價值和意義的關切，從而使原來與人文精神相悖的基督教重新具有較爲強烈的人文精神。另一方面是由於他作爲哲學家把對人類生存的研究當作其整個理論體系的核心，即以人爲出發點和歸宿。在這一點上，他與當代西方的存在主義走到了一起，以至於有時被當作存在主義在

美國的主要代表。但與海德格和沙特等所謂無神論的存在主義不同，他力圖使存在主義對人的強調與基督教神學對神的強調統一起來，使存在主義超越傳統人道主義的人性具有超越世俗的人的神性。這也就是將傳統的基督教神學改造爲挽救當代西方社會中人性失落的精神工具。正是由於田立克把存在主義等在某種程度上體現了當代時代精神的哲學思想運用於改造傳統的基督教神學，使後者在理論方向和形態上都發生了相應的重要的甚至具有根本性意義的轉變。也正是在這種意義上，田立克被認爲是推動當代的宗教改革的重要代表人物之一。他在西方世界的影響，主要也源於此。

當代西方的基督教神學家和哲學家的立場各不相同。其中既有激進的自由派神學，也有保守的正統派神學。田立克居於這兩端之間，他被認爲是具有廣泛影響的所謂新正統派神學的主要代表。新正統派神學的主要特點在於它保留了正統派神學對具有超越性、終極性和人格存在意義上的上帝的信仰，避免了激進的自由派神學把上帝

完全消融於人本身的存在的極端化傾向；又對正統派神學關於上帝存在的彼岸性、絕對性和獨斷性觀念作了重要的改造。因此，相對於自由派神學而言，它是對古典基督教思想、尤其是宗教改革時期神學思想的回歸，故有「正統派」之稱；但對於古典正統派而言，它又接受了自由派神學將上帝的存在與人本身的存在相聯繫的許多主張，因而是「新」正統派。

我認為，透過瞭解和闡釋田立克的哲學與神學思想，我們能夠得到一個理解西方宗教哲學和神學在近現代轉變的實例。西方哲學在近現代之間的轉變不是個別哲學觀點上的變化，而是具有根本變更意義的哲學思維方式的轉型（特別表現在以對現實生活和實踐的強調取代了對脫離人的現實生活和實踐的絕對實體和絕對本質的追求）。西方哲學中的變更必然會在不同程度上影響到西方宗教神學的變更，特別是直接具有哲學意義的宗教哲學的變更。事實上，西方宗教神學，特別是宗教哲學在近現代之間同樣發生了重大的變更。這主要表現在：西方基督教的上帝觀

念的含義變了、上帝在世界上的地位變了、上帝
與人的關係變了，更爲重要的是：信仰上帝的目
標也變了。對於許多人來說，信仰上帝已越來越
不是爲了達到與現實世界相脫離的彼岸世界，或
求得作爲彼岸世界的絕對力量的上帝的拯救，而
是被當作人對自身有限性的超越，當作人對自身
的全面發展、完滿性或者說崇高的道德理想和最
高目的的追求。

二、思想淵源

　　田立克是一個十分好學因而知識極爲淵博的
思想家。有的學者認爲，田立克的哲學不是單一
的，而是各種不同哲學思想的混合物。的確，在
他的著作中，可以找到歷史上各種不同的哲學、
宗教與政治思想的影響：柏拉圖、亞里斯多德、
斯多葛主義、奧古斯丁和阿奎那的神學、史賓諾
莎有關自我肯定的思想、謝林的神秘主義、黑格

爾的辯證法、尼采的生命意志、海德格的存在主義以及沙特的關於自由選擇的思想。

田立克在接觸到存在主義之後，他就認為，存在主義哲學的產生，是基督教神學的福氣。因為當代存在主義對人類處境的分析，有助於重新發現古典的基督教對人類生存的解釋。他說；「出現於二十世紀的存在主義體現著『存在的』最生動逼真、最咄咄逼人的意義。」[7]在他看來，近代的浪漫主義、放縱主義和浪漫的自然主義為當今的存在主義開闢了道路，而當今的存在主義則是作為自我而存在的勇氣所採取的最激進的形式。他對存在主義作出了他的解釋：存在的態度與存在主義是兩個不同的概念。存在的態度是一種參與的態度，與那種僅僅是理論的或超然於外的態度形成鮮明對照。要認識自我，我們必須參與到自我之中，但我們的參與又改變了自我。要認識他人，就要參與到他的自我之中，從存在的方面進入他的存在的核心，才可能在對他的滲入中認識他。存在主義這個概念共有三層意思：(1)存在主義作為一種對於世界和人類生存的觀點；

(2)作爲一種對於現實社會的抗議；(3)作爲一種文學和藝術的表現手段。柏拉圖主義和經典的基督教神學都有存在主義的觀點，這決定了他們對人的境況的理解。謝林是第一個使用「存在」這一術語來與哲學上的本質論相抗衡的人。尼采是一個重要的存在主義者，因爲在他對歐洲虛無主義的描繪中，呈現出的世界圖景是：人的存在已陷入完全的無意義之中。田立克說，我試圖學習，我接受了新的思維方法多於它給我的答案。從後來的思想發展來看，謝林、克爾凱郭爾和許多存在主義哲學家對田立克的影響都是顯而易見的。

雖然田立克是一個出色的專業哲學家，但他主要是將自己視爲神學家。從思想淵源上，他主要吸收《聖經‧新約》、路德教和近代李奇爾自由主義神學的思想路線。從現代神學家的思想同盟關係上來看，他主要與巴特、布爾特曼等人站在一起。從哲學角度看，他是一個存在主義神學家。從神學角度看，他就是一位新正統主義者。綜合起來說，田立克的神學思想是保羅主義、奧古斯丁主義、路德主義神學和當代生存主義哲學

的結合。他堅持上帝的超越性，主張上帝就是存在本身，而不是任何一個有形的世內存在者。耶穌基督就是人類的新存在，就是人類的終極關懷。他運用新約的各項信條和基督教正統神學的傳統語言來闡釋當代宗教思想。針對世俗人文精神的傲慢和現代派神學對上帝的理性消蝕，他重新提倡上帝的人格性、啓示性和象徵性。在他看來，基督教的獨特之處只在於它宣稱自己是一個歷史中的啓示。真正的基督徒必須面對信仰的真正對象——耶穌基督的福音。田立克反對用理性取代啓示、用哲學消融神學的某些現代派思想。他認爲，理性和啓示、哲學和神學都有各自的活動領域。雖然它們都關注人類的存在問題，但是，啓示是理性的深層，神學是哲學的具體化和生存化。神學信仰的對象既是「完全相異者」，又是可理解者。宗教體驗是人的心靈與某種終極事物相遇時，心靈受到觸動後所作出的應答。田立克稱這種宗教體驗爲理性的深層。他反對這樣一種見解：終極是某種神秘，它絕對地超出了我們的理解的範圍。在田立克看來，真正的終極對

象之所以超出了我們的理解，一方面是由於我們
將理解的方式限定在概念理性上。因為概念理性
只能把握世內存在者的共性，不能達到某個獨特
存在的個別性。另一方面則是由於我們在終極中
所遇到的是某個與任何世俗物體截然不同的存
在。在田立克看來，神學開始於人的生存所提出
的問題。他竭力主張對這個問題的回答要在啟示
中去尋找。這個主張非常清晰地表現了他的思想
與卡爾‧巴特「辯證神學」的緊密聯繫，也與布
爾特曼和整整一代新教神學家有關聯。他認為，
應該從《聖經》本身的話語而不是後來人們對《聖
經》的解釋來述說基督教。他把自己的任務確定
在爭取有教養的懷疑派和已經拒絕了傳統宗教的
人們，因而需要從存在主義、精神分析學等理論
對宗教思想作出新的解釋。他要求改變原有的宗
教存在方式和傳播方式，將以神為中心的神道主
義改為以神為中心的人道主義。他堅持辯證神學
關於有限世界和永恆世界之間在性質上存在無限
差異以及在啟示的必然性和用人類語言表述神性
啟示時的悖論的不可避免性的見解。然而，田立

它反對傳統教義神學，充分發揮人的自由與信心的作用，形成以人爲核心的知神歸主之途；它強調基督教「上帝之愛」的本質，耶穌基督之道成肉身正體現出這種上帝之愛在人世的顯現。李奇爾繼承康德關於上帝是道德的前提的觀點，提出對於上帝的認識只能基於人的價值判斷。田立克調和理性和啓示的矛盾，彌合科學與宗教的對立，主張以人的信仰爲中心，注重「耶穌就是基督」的啓示功能等等，都是對自由主義神學的發展。他所提出的「上帝就是人的終極關懷」的思想，更是康德、李奇爾觀點的思想結晶。

　　傳統基督教原則的立場是：「凡屬基督的都是善」。現代基督教原則的立場是：「凡是善的皆屬於基督」。神以愛爲實質內容，神只是善的超越形式和神聖象徵。田立克要求摒棄神學研究中的科學主義和歷史主義方法。基督教優於其他宗教的地方，就在於基督教中有某種體驗領悟和理性理解的統一。田立克反對宗教強調道德情感主義的淺薄性、憐憫性，他主張以「愛」（Agape）作爲改造人類精神和人類社會的最高原則。田立

克神學理論在本質上是一種「矯正」的理論。它
要矯正的是精神領域中的「偶像崇拜」和「人
類中心主義」。它強調「聖愛」和「恩典」的
力量，重視聖經神學的末世論象徵。它不同意自
由派神學關於罪孽產生於人類本能衝動的觀點。
它認為人的罪孽是自由和命運之間矛盾運動的必
然結果。作為基督的耶穌、十字架的受難等象
徵，不僅是神學關於信仰內容的主要教義，而且
也是人類生活的啓示性規範。耶穌基督是神性和
人性的最完美的典範。這個典範的內容是毫不利
己、自我奉獻和犧牲的正義之愛。田立克的神學
在本質上是辯護的，他對福音本質的理解極其深
刻，因而堅持神學家必須在「神學的循環」中工
作。田立克作為新正統主義的最大代表之一，在
戰後的二十多年裡，其思想與卡爾‧巴特、尼布
爾的理論一起達到了它們影響的最高峰。當然，
也有的學者認為田立克反對新正統主義神學觀
點。在托馬斯的《保羅‧田立克》一書中，托馬斯
寫道：田立克認為，新正統主義有關系統神學的
起源的兩個看法即聖經和教會史是神學的來源的

觀點都是不全面的。聖經的啓示，就是人類歷史
的準備。聖經的啓示不僅包含著聖經書籍中的內
容，而且還有聖經之外的其他源泉，其中包括關
於神學的事實解釋。人們如何從教會史接受啓示
呢？新正統主義引出了一個媒介叫「體驗」。在田
立克看來，「體驗」一詞有三個意思：本體的、科
學的和神祕的意思。對於經驗神學來說，體驗是
一種神祕的經驗。這種神祕的經驗超越了作爲基
督的耶穌的獨特事件的基督教訊息。而田立克則
說，基督教神學，是建立在耶穌就是基督的獨特
事件上。這個事件是被給予體驗的，而不是從體
驗中得到的。托馬斯援引兩位天主教神學家對田
立克上述觀點的批評。神父杜勒斯認爲：「田立
克如此對待《聖經》，表明了他忽視聖經中神的成
分，因而也在事實上否定了上帝的神聖因素。」
泰德神父批評田立克關於傳統神學對於體驗作用
的理解。「體驗是媒介，它本身不是神學的源
泉。它的力量只是局限在轉移的功能上。但它轉
移的是某種啓示的充分呈現。」泰德認爲，田立
克在神學上的新路子主要是推出了主體和客體的

和救主；第四部論生命與精神；第五部論歷史和
上帝國。《系統神學》的書名曾引起人們的批評與
疑惑。因為，在神學世界，系統的形式與模擬數
學體系的演繹法形式是難以區分的，系統的形式
常常被認為是一種將要把啓示的體驗加以理性化
的企圖。而對於田立克來說，系統的形式有著不
同尋常的要求和意義：首先，它要求作者具有首
尾一貫性。真正的首尾一貫性是神學中最困難的
工作之一，而且沒有人能真正成功。系統的一貫
性的要求是：每當要作出一個論斷時，就必須查
究以前所提出的諸命題是否可以成立，這樣的做
法，能夠顯著地養活自相矛盾。其次，系統的形
式是發現種種象徵和觀念之間關係的一種工具。
最後，系統的結構能使人認識到，神學的對象在
它的整體性中，是很多部分和要素相互制約、相
互作用的統一體。在這部著作中。田立克使用了
「相互關聯法」。是指由人類生存性的問題與神學
的答案的相互依存性，來解答生存中的困惑，解
釋基督教信仰的內容的方法。所謂「關聯」就是
將問與答、境況與訊息、人的生存事實與神的顯

一般都將勇氣描繪成心靈克服恐懼的力量，其
實，從哲學本體論的觀點來看，勇氣是戰勝焦
慮、死亡等「非存在」的生存力量，是具有「不
顧」性質的自我肯定──它不顧那些有可能妨礙自我
肯定的東西。在思想史上，勇氣是與堅毅、智
慧、生命相聯繫的。田立克在該書中，分析了存
在的對立面──非存在的含義。他認為，非存在不
是一個一般的概念，它是對每一種概念的否定。
然而，它本身又是思想的不可逃避的內容，因為
存在在其本身之中就含有非存在。非存在威脅存
在有三種方式，由此可以劃分人的焦慮的三種類
型：非存在威脅人的本體論上的自我肯定，產生
了人對命運和死亡的焦慮；非存在威脅人的精神
上的自我肯定，產生了人對空虛與喪失意義的焦
慮；非存在威脅人的道德上的自我肯定，產生了
人對罪過與譴責的焦慮。焦慮的這些形式，在其
屬於存在本身而不屬於心靈的反常狀態的意義上
說，都是存在性的。田立克也將存在的勇氣和基
督教神學相聯繫，從而指出，上帝是作為存在的
勇氣的源泉的存在之力。「當宗教改革運動取消

附庸而被接納的；宗教只得找尋另一種精神機能
以參與其中。它找到了審美的機能。「藝術領域
不但約請宗教參與其中，而且承認藝術就是宗
教。」這時，宗教猶豫不決了，它抗拒了那種將
自身消融在藝術中的誘惑。那麼，宗教能不能是
一種情感呢？這似乎是宗教的四處飄零的結束。
這一結果受到所有那些想使認識領域和道德領域
擺脫任何宗教干涉的人們的極力喝采。然而，這
樣一來，「宗教也就喪失了它的嚴肅性、真理性
和終極意義。在這樣一種僅僅涉及情感主體性的
氛圍中，宗教必將衰亡。」[9]沒有家園，沒有地盤
在這種情形下，宗教猛然意識到，它原本不需要
什麼地盤，根本不必去尋找什麼家園。「宗教是
人類精神生活所有機能的基礎，它居於人類精神
整體中的深層。」[10]「『深層』一詞是什麼意思呢？
它的意思是，宗教指向人類精神生活中終極的、
無限的、無條件的一面。宗教，就這個詞的最廣
泛和最根本的意義而言，是指一種終極的眷
注。」[11]接下來，田立克分析了宗教語言的本
質，討論了宗教象徵的問題。他論述了宗教與藝

制的關係中的種種歧義。最早的正義是指「合比
例的正義」，它以地位的等級爲前提，並要求一
種正當的分配。後來的正義有了平等的因素、有
了公平權利的因素。從遠古以來，正義一直在神
話、詩歌、雕刻和建築中得到象徵化的表現，現
在也需要從存在論方面來加以思考。田立克論述
了愛、力量與正義的關聯，以及它們在人格和終
極關係中的統一。在《道德與超越》一書中，田立
克分析了道德與倫理的語義學含義，闡明了人格
與道德的關係問題，提出了律法主義與「愛」的本
質差別與對立。在他看來，道德必須和宗教的愛的
恩典統一起來，否則，道德終將消失。

田立克的其它主要著作還有：《信仰的動力》
(*Dynamics of Faith*)、《根基的動搖》(*The Shak-
ing of Foundations*)、《聖經的宗教與對終極實
在的探求》、(*Biblical Religion and the Search
For Ultimate Reality*)、《永恆的現在》 (*The
EternalNow*)、《基督教與世界諸宗教的相遇》
(*Christianity and the Encounter of the World
Religions*) 等。

註 釋

[1] Paul Tillich, *The Shaking of the Foundations*. Charles Scribner's Sons. 1948. p.94.

[2] Mark Kline Taylor, *Paul Tillich-Theologian of the Boundaries*. Collins Publishers. 1987. p.11.

[3] Editedby Kegley and Bretall, *The Theology of Paul Tillich*. The Macmillan Company. 1961. p.161.

[4] 同註 3 ，第 166 頁。

[5] 利文斯頓，《現代基督教思想》，下卷，四川人民出版社， 1992 ，第 725 頁。

[6] 同註 3 ，第 108 頁。

[7] Paul Tillich, *The Courage to Be*. p.139. 參見《存在的勇氣》，貴州人民出版社， 1988 年版，第 125 頁。

[8] Heyweed Thomas, *Paul Tillich*. John Knox Press. p.7.

[9] 田立克，《文化神學》，工人出版社， 1988 ，第 7 頁。

[10] 同註 9 ，第 7 頁。

[11] 同註 9 ，第 7 頁。

[12] Paul Tillich, *Love Power and Justice*. Oxford university Press. 1960. p.25.

第二章
終極關懷

一、終極關懷

　　何謂終極關懷？人類有過漫長的思索與追求，田立克對此有過許多闡述和解釋。在《系統神學》中，田立克把終極關懷當作人的存在及其意義。說：「人最終關切的，是自己的存在及意義。『存在，還是不存在』這個問題，在這個意義上是一個終極的、無條件的、整體的和無限的關切的問題。人無限地關切著那無限，他屬於那無限，同它分離了，同時又在嚮往著它。……人無條件地關切著那麼一種東西，它超越了人的一切內外條件，限定著人存在的條件。人終極地關切著那麼一種東西，它超越了一切初級的必然和偶然，決定著人終極的命運。」[1]

　　在《文化神學》中，田立克認為，終極關懷是人類精神的基礎，其文化表現形態就是宗教。他說：「宗教，就這個詞的最廣泛和最根本的意

義而言，是指一種終極的眷注。」[2]因為，宗教，指向人類精神生活中終極的、無限的、無條件的一面。宗教是人類精神生活所有機能的基礎，它居於人類精神整體中的深層。

田立克在象徵的意義上指出：「上帝是『終極關懷』的代名詞。」[3]在西方的傳統思想中，上帝就是人們終極關懷的內容。

在《新存在》中，田立克指出，新存在，即「新的創造物——是我們的終極關懷。這應當成為我們的無限激情，成為每一個人類存在的無限激情。」[4]新存在，是人類生活的拯救與更新。

用我們熟悉的語言來理解和表達田立克的終極關懷思想，是否可以這樣說，從人類存在的意義上，終極關懷指的是整體的、無限的、最終的、普遍的人文關懷；從個體存在的意義上，終極關懷指的是人對自身存在及其意義的關注和思考，並在深刻思考基礎上所作的生活實踐。人對終極關懷的思考表現在人對「思想的深度」的追求上，人對終極關懷的實踐則體現在人對「新存在」目標的追求中。當然，人類的存在和個體存

在總是相互統一，難以分割的。

人是具有「自我意識」的獨特存在。人的「自我意識」表明，人總是關心自己生存中的一切。當代西方生存主義哲學主張，哲學必須關心人的存在。哲學應當是人學。遠離了人的哲學，其價值也就難以言表了。

在田立克看來，每一個人首先是關心那些限定自己生存條件的東西，諸如食物和住房一類能滿足生存起碼需要的東西。同時，人還是這麼一種奇特的存在物，他有能力超越自己的直接和初級的利益，產生各種精神上的關切，看到賦予自己生存以意義的那些關切對象。這類關切是迫切的，並帶有終極性。這類關切可以作為生命的深度，表現在生命的任何創造性的（或破壞性的）方面之中。例如，它可以表現在生活的道德方面，表現為良心命令的無條件嚴肅性；也可以表現在科學領域，表現為對真理的熱情而毫不畏縮的追求。終極關懷是人們不能隨便超越和選擇的。這就是人們不能不關涉的關心。對於人來說，此關心是無條件的，是人的根源性關心；也是人們在

考慮其他關心之前，首先必須考慮的關心，是其他一切關心行為的出發點和歸宿。這樣的一種關心，可以稱為「終極關懷」。田立克說：「『關懷』一語意謂著體驗的『生存的性格』。終極的事項，只有採取終極的態度才能獲得。那是對無限制關懷的呼應，而不是對那我們得用漠然的客觀態度去把握的名為『絕對者』或『無限者』的至高者。它是我們完全投身的對象。當我們注視它時，它也要求我們放棄我們的主體性。它是激發無限的熱情的關心者，當我們要將它作客體時，它反而使我們成為它的客體。」[5]

　　「終極關懷」不但指人們的關心和期待，而且有生存性的意義參與在其中。田立克說，關懷「意味著我們涉足於其中，意味著我們帶著心思參與了它們。」[6]「終極關懷」一詞指出了關係的兩個方面：被關懷的對象和他的關懷之過程的關係。從被關懷的對象意義來說，終極是一種存在，一種作為關心和期待的目標的對象性存在。這是關心和期待的前提。沒有它，就沒有作為過程和關係的關懷的存在。從關懷的過程和關係來

看，終極本身指的就是一種無止境性，一種作爲
無限過程的存在狀態。它總是處在奔向目標的過
程和關係之中。沒有它，也就沒有作爲對象和目
標的關懷存在。關懷的對象和關懷的過程是兩個
帶有無限性質的絕對。終極性的存在和終極性的
追求是一而二、二而一的事情。田立克提出了判
別「終極關懷」的「終極」的兩個標準：一，那個
被稱爲終極的東西能不能成爲我們的一個客體和
對象，如果能，那就不是真正終極的東西。二，
那個所稱爲終極的東西必須是我們自身參與其中
的東西。終極性的東西超越了主體和客體、對象
和過程之間的關係，即對象性和主體性都在終極
性中消失了。對象的消失以關懷的無限性爲特
徵，主體的消失以關懷的無條件性爲特徵。

　　田立克用現象學的方法說明了「終極關懷」的
性質。在他看來，「終極」的存在和對「終極」的
態度是相互開啓又相互深入的。關懷的終極只有
在關懷中才能顯示出來。關懷的根據就是關懷中
期待和尋求的終極。終極在關懷的路途中，它根
本地伴隨著無限的關懷。理智主義只有單向性的

所謂「客觀性」思維，正是在這一個關鍵點上迷失了方向。在「終極關懷」的涵義中，包含著終極和關懷的各個方面的交互性、相關性。「終極關懷」既是一個人嚮往和追求的理想目標，又是一個人努力實踐這種理想的行動。「終極關懷」是人類存在的力量的賦予者和推動者。

　　「終極關懷」指的是人的經驗中的一種緊張狀態。一方面，人不可能去關切某種不能具體遇到的東西。普遍概念只有借助於其再現具體經驗的力量，才能變成終極關切的材料。一個事物越是具體，對它的關切就越是可能。徹底具體的存在物，即個體的人，乃是最徹底的關切——愛的關切的對象。另一方面，終極的關切又必然超越每一種初步、有限和具體的關切。要回答隱含在有限性中的問題，它就必須超越整個有限性領域。它傾向於變成不僅是絕對的，而且是抽象的，並激起具體因素的反作用。這是上帝觀念中不可避免的內部緊張狀態。從原初的祈禱到最精致的神學體系，凡在上帝被體驗到並且這種體驗被表達出來的地方，宗教關切的具體性與終極性之間的

衝突都是現實的。

從田立克對「終極關懷」的論述中，我們可以看出「終極關懷」與一般關懷在性質上的一些差別。

首先，一般關懷主要地產生於關懷的主體內部。主體往往是根據自身的需要去關心一個具體的事物。而終極性的關懷所指向的不是一個具體的對象，它要求從有限的存在中尋找和發現無限的東西。無限不能單純來自主體自身的需要。所以，「終極關懷」既要在關懷的狀態之中產生關懷的生存性體驗，又必須有關懷的主體外部的無限存在。田立克在「終極關懷」的表述中一再地使用「人的被攫住的狀態」（beinggrasped），表明了「終極關懷」這種特有的主體內部的生存體驗以及它和主體外部的無限存在在一起發生共同作用的性質。

其次，一般關懷要求單獨地占有對象。它可以得到並且切實地掌握著的對象的有形存在。而且，它會在獲得對象之後完全終止關懷。而「終極關懷」永遠不能占有「終極」。因為，「終極」

是無條件的、無限的一種存在，它沒有特定的有
形形狀。它只存在於一個無形的意義和價值之
中。人們的「終極關懷」永遠處在無限的追求過
程中，永遠處在超越有限的狀態之中，它也永遠
不可能終止和消失。我們用中國哲學的思維方式
和語言習慣來表述田立克的「終極關懷」範疇，
即是自強不息、日新其德，用人的的全部生命創
造來達到天人合一的圓滿境界，以實現生命的無
限意義。

　　再次，人們行使一般關懷時都有一個清晰明
白的直接判斷。人們在關懷中需要什麼，不需要
什麼，能夠得到什麼、不能得到什麼，都會有明
確的結論和效果。而「終極關懷」卻表現為一個
悖論。它表現了人類精神中的一個緊張的拉力。
一方面，「終極關懷」必須超越一切初步的、具
體的關心。它是有限性的解答。為了完成這個解
答，就必須超越有限性的所有領域，站在有限的
生存之外。由此，它消除了自身的具體性而成為
絕對。關懷的絕對導致價值和意義的崇高性。另
一方面，人類對於不能具體遭遇的什麼，是不能

寄予關懷的。絕對的生存價值要透過具體的經驗
參與,即藉由生存經驗的力量,而成為關懷的內
容。越是具體的東西,越能成為關懷的內容。個
人是完全的具體者,是最徹底的關懷的指向所
在。「終極關懷」的具體性能夠導出意義和價值
的特定性。

二、終極關懷與人的存在

　　終極關懷關涉到人的存在與價值。用西方生
存主義哲學的語言來說,這種「關懷」關係著人
能否活下去的理由;用田立克的宗教語言來說,
這種「關懷」聯繫著人的存在的「深層」意義。終
極關懷就是人的存在意義的決定者。若不是對我
們的存在具有著提供生存力量的本源性基礎,就
不能成為人類的終極關懷。

　　從古希臘巴門尼德(Parmenides)提出「存
在」的哲學命題,到莎士比亞筆下的哈姆雷特說

出「生存還是毀滅，這是個問題」的經典名句，
「存在」的問題曾經引發多少思想家的睿智思考。
「存在」的問題是西方形而上學中最為複雜和最為
核心的問題。巴門尼德所說的「存在」是一個最
廣泛最普遍的概念。凡是能夠說出來的和能夠表
達出來的就是存在。非存在是說不出來的。柏拉
圖用「理念」來標明存在。理念作為在者之外觀就
構成在者是什麼。它有著三種作用：(1)理念喚起
在並思考在的規定；(2) 理念喚起在的體驗和抗
爭。(3)理念是價值實現的目標。它起著標準和示
範的功能。從價值的意義去理解的理念並即由此
把在者之在表明為：「起作用」。在亞里斯多德那
裡，存在有了明確的定義。存在不是指物體的具
體存在，而是指人與世界整體、物與世界萬物的
一種根本關係，名之曰：存在之為存在。但是，
由於他把個別物體當作存在的第一實體，就將存
在與存在物混同起來，造成了二千年來哲學思維
的一個失誤：即把存在當作存在者。在史賓諾莎
那裡，存在是萬物據以立世的根據和力量。不能
夠存在就是無力，反之，能夠存在就是有力。在

尼采看來，存在就是生命。除了對生命以外，我們對存在沒有任何別的觀念。海德格對「存在」問題作出了自己的全新解釋，並由此奠定了本世紀哲學大師的地位。他認為，形而上學的基本問題是「究竟為什麼在者在而無反倒不在？」。這問題恐怕不是個普普通通的問題，而顯然是所有問題中的首要問題。然而，人們在不只一次為這個問題晦蔽著的威力所掠過，卻不明白是怎麼回事。在某種完全絕望之際，當萬物消隱不現，諸義趨暗歸無，這個問題就浮現出來了。也許只出現一次，猶如一聲渾沉的鐘聲，悠然入耳，發出緩緩的回音。這個問題有可能被真正地提出，也可能鮮為覺察，就像一陣風，襲過我們的此在就突然了事，也可能死死地糾纏著我們，也還有可能被我們以任何一種藉口重新遺棄和遮蔽。遇到了這個問題，就會使人進入一種非常的狀態之中。「因為所謂遇上這個問題，並不僅僅意味著這問題作為問句被說出來讓人聽見和讀到，而且是說，對此問題提問，亦即：使問題得以成立，使問題得以提出，迫使自己進入這一發問狀態中。」[7]設

若我們就對之發問的東西的最廣泛的程度，即存在者整體本身來思考我們的問題。唯有這樣一種在者，即提出在的問題的人，總是不斷在這一追問中引人注目。

　　田立克認為，哲學上的存在論是對 "on" 的 "logos" 的表述，用英語來說，是對把握住了「存在本身」的「理性話語」的表述。存在論並不企圖去描述存在物的性質，不論是在其普遍的、一般的特徵中，還是在其個體的、歷史的表現中的性質。它並不探究星辰、植物、動物和人類，它不探究事件和在事件中行動的人。這些都是科學分析和歷史描述的任務。存在論要探究這麼一個簡單而又無限困難的問題：存在意味著什麼？對每件存在著的事物，對每件參與存在的事物都一樣的結構是什麼？

　　田立克認為，哲學本體論研究的就是存在問題。顯然，這裡所說的存在，並不是指任何實體性或概念性的東西。雖然這種存在都要以實體作為載體，但它本身卻不是實體本身。雖然這種存在只有在高度的抽象能力下才能發現，但它本身

卻不是一個抽象概念。就存在的本身說存在，要說清楚是極為困難的。將存在與非存在連在一起思考，就比較容易說清楚。田立克就是這樣做的。他說，什麼是存在？存在是由「非存在的驚駭」所產生的。存在就是人對於非存在的體驗，是人與非存在抗衡的能力。正是那攫住心靈的「非存在的脅迫」產生了具有本體論意義的衝擊。人們就在這震盪衝擊裡，經驗到了存在的奧秘。「這種本體論的衝擊，把哲學的基本問題：存在與非存在的問題，在認識論中表述出來。如果有人與某些哲學家一起問：為什麼存在者存在，非存在者不存在？這當然是錯誤的。因為這樣的質問形式指出了先於『存在』（由其中可獲存在）的某種東西。然而，存在只能由存在產生。這個問題的意義可由下面的敘述來表達：存在不可能來自任何事物的始原性事實。在這個意義上思考這個問題，則它成為本體論的衝擊的悖論式表現，而且這一問也是所有純正哲學的開始。」[8]存在，在被當作抽象概念時是一切概念中最空洞的。然而，在被當作一切存在物中所具有的存在能力

時，就成為一切存在物和概念中的最富有內容和
意義的東西了。田立克所說的存在，也不是僅僅
指時間和空間裡的生存。儘管存在一定要在時間
和空間裡顯示出來，但是，生存是要不斷地被那
不足以成為我們「終極關懷」的事件所損害或所
補益的。而存在指的是人的實在的全部，它包括
了生存的結構、意義和目的。

　　那麼，到底什麼是存在呢？田立克說：就定
義而言，我們什麼也不能說，但就隱喻的表徵而
言，我們建議使用力量這一概念：存在乃是存在
的力量！人類的存在就是人類能夠永遠生存、不
斷更新的力量！終極關懷與人的存在不可分離。
從存在的定義看終極關懷，我們是否可以說，終
極關懷就是存在的本源的、永恆的和最終的力
量！

三、終極關懷與偶像崇拜

　　爲了清楚地闡述「終極關懷」的涵義，田立克提出一個與「終極關懷」相對立的概念，這就是「偶像崇拜」。各種各樣「偶像崇拜」大量存在著。它是廣泛流行於社會中的危害社會生活的毒素。以自我爲中心的個人「偶像崇拜」、以權威爲中心的社會「偶像崇拜」、以貨幣爲中心的金錢「偶像崇拜」。這些「偶像崇拜」直接或間接地破壞和威脅著人類健全的個人生活和社會生活。而且，偶像崇拜後面隱藏著由語言、思維方式、環境教育所決定的文化先決條件。由這些條件所決定的偶像崇拜是根深柢固的。從宗教的角度來看，宗教的皈依者也會崇拜起他們自己所信仰的宗教人物、宗教儀式和制度。他們禁止其他的宗教信仰，敵視任何不利於他們所信宗教的意識形態形式。基督教在歷史上也曾將自己偶像化。它

錯誤地壓制理性和科學，把自身的教義、儀式和制度當作終極的存在，由此脫離了人類的生存性參與的「終極」意義。

田立克給「偶像崇拜」下了一個簡潔明瞭的定義。「偶像崇拜」就是人們將有限的具體事物當作最高的價值存在加以無限追求的現象。他在《系統神學》、《信仰的動力》、《基督教與世界宗教的相遇》和《文化神學》等多部著作中，都對「偶像崇拜」的現象、成因及其危害作了深刻的分析和論述。

「偶像崇拜」的現象往往表現於人們崇尚眼前的、功利的和有限的東西，把金錢、地位、名譽看成是高於一切的存在。田立克指出，人類的生活由表面現象和深層本質所構成。生活的表面現象是最先呈現在我們面前的東西。只要我們看到它，似乎就已經瞭解它了。但是，如果我們根據初次看見的印象和判斷來行動，我們不免會感到失望，因此，我們要透過事物的表面現象，探問事物的深層本質。

「偶像崇拜」的存在有著社會的和個人自身的

原因。當代工業社會的特徵就是平均化的生產和消費。它有意識地製造出令人目不暇接的表面變化，有意識地引導人們生活在以吃喝玩樂爲特點的消費人生中，並且用媚俗的大眾輿論來操縱人的思想。這種社會使人不自覺地陷入崇尚生活表面的偶像崇拜。雖然偶像崇拜的存在有著深刻的社會原因，但是，它也與每一個作爲個體的人的思考方式和生存方式有關。在人的生活中，如果沒有對於生活意義的深刻思考和領悟，就不可能擺脫「偶像崇拜」的誘惑，即不可能擺脫迷戀動物式本能滿足的「偶像崇拜」、不可能擺脫迷信外在權威的「偶像崇拜」，也就不可能到達生活的深層。

　　「偶像崇拜」的危害極大。它將使人生活在滿足粗俗的感性本能要求之中，使人斤斤計較於蠅頭小利、惶惶然於權力與名譽的爭奪之中，使人終日、終月、終年、終生陷於毫無意義的追逐和煩惱之中。陷於「偶像崇拜」中的人，並不能自覺地意識到自身的處境，他們的生活總是被他人或者外物牽著鼻子走的。他們會說很多很多的

「愛」，但不懂得什麼是真正的愛。他們會有許多
許多的「獲得」，但不會知道這些獲得的意義是
什麼。他們從不會停下追逐「偶像」的腳步，看
一看頭上的藍天、腳下的大地、想一想人生的價
值。他們的生活總是在不停地轉圈，**轉啊轉啊**，
直至帶著滿腹的遺憾、滿腔的忿恨、滿面的痛苦
走向人生的盡頭。

　　爲了讓人真正從「偶像崇拜」的生活表面中
解脫出來，田立克不僅提出了「終極關懷」，而且
提出了一個更爲通俗化的概念，這就是「生活的
深層」。生活的深層是人生的思考和實踐生活體
驗的共同結果，它也是人已經處在「終極關懷」狀
態下的表現。不過，要做到進入「生活的深層」也
不是很容易的。他舉了一個例子說，有些人能夠
很好地背誦若干真理的條文，但這並不說明他們
已經真正地掌握了真理。某些讀過人生哲理名著
和世界歷史典藉的學生的精神生活可能是極爲表
面化的。而那些相對讀書較少但閱歷豐富的勞動
人民，卻能懂得「生活的深層」。這裡，田立克
想要說明的是，生存方式的深度能夠造成思想的

深度。當然，思想的深刻性也會影響生活方式的深度。

田立克在許多地方用了「深層」與「深度」這些詞。那麼，究竟什麼叫做「深層」或者「深度」呢？田立克說，「深層」與「深度」這些詞有兩個涵義：(1)它們是淺薄的對立面。比如說，真理是深刻的而不是淺薄的。(2)它們與高度相比照。比如說，苦難是深的而不是高的。由此看到，人們要思考和生活得深刻，就要鄙視淺薄；人們要進入生活的深層，就要不畏艱難困苦。人們只有不斷進行有意義地思考，不斷進行有價值的生活的創造，才能探尋到真正的終極關懷。

四、終極關懷與存在的勇氣

在田立克的思想中，存在也可以引伸為人之為人的一種態度。人知道了自己是一個存在，也就意識到了非存在。存在的對面就是非存在。人

類要在非存在的威脅下生存下去，就要有存在的勇氣。在人身上，存在的力量和存在的勇氣是統一的。田立克說：「少有像『勇氣』這一概念那樣有助於對人類處境的分析。勇氣是一種倫理學的現實，但它卻根植於人類在的整個疆域內，並在存在本身的結構中有著最終的根據。」[9]人不僅對自己為什麼存在、為什麼會存在感到驚異，同時也對自己最終要走向的那個幽暗的「非存在」感到震駭。這樣的人類情結，深深地縈繞在人的精神深處。古今中外，概莫能外。於是，荷馬興悲：「世代如落葉，一代出生一代凋謝。」蘇軾感懷：「哀吾生之須臾，羨長江之無窮。」不惟如此，按海德格的說法，死亡並非是在遙遠的終點等待我們的墳墓。生與死，一體兩面，同在我們的生命之中。非存在並非單指人的死亡。但是，死亡是非存在中最為重要一個內容。而毀滅人的利斧不單是自然的生物規律。另外的兩柄利斧遠比人的自然衰亡要鋒利得多：一為天災，二為人禍。天災固然不可避免，人禍卻往往是人不願避免。該隱殺弟，豈非人類固有的邪惡作祟？

該隱的隱喻，在現代有了驚人的表現：人放肆地破壞自然生態環境，爲自己製造天災。現在只剩下一個問題，我們何時被困死。生存已成爲一場冒險。誠如克爾凱郭爾所說，恐懼顫慄似乎已經侵入生命的骨髓。誰還能作「寓形宇內能幾時，曷不委心任去留」的陶潛式的曠達與超脫。

田立克還指出，存在性的焦慮也屬於非存在之列。現代人無一不處在這種存在性的焦慮之中。存在性的焦慮主要有三種：(1)對命運和死亡的焦慮；(2)對空虛和無意義的焦慮；(3)對內疚和有罪的焦慮。這些存在性的焦慮與病理性的焦慮不同。任何現代醫學設施和技術對它們都無能爲力。人們只能生活在這些焦慮之中，把它們看成是我們生存的本然和實情。怎麼辦？別無選擇：與之抗爭！這就必須要有存在的勇氣。「吾得以養吾浩然之氣。」（孟子語）豈非就是這樣的「存在的勇氣」！勇氣，歷來被視爲人的珍貴品質。「勇氣」這個詞在希臘語中就是「丈夫氣」的意思。柏拉圖把勇氣賦予衛國者階層，恰如後來中世紀的勇氣被當作騎士的專利一樣。他認爲，勇

氣原本是理性和欲望之中介，但附加了智慧的勇
氣是極其優秀高貴的品質。亞里斯多德把勇氣看
作是人爲了德行而敢於付出代價作出犧牲的品
性。勇氣在斯多葛學派那裡獲得了一種平民化的
傾向。勇氣的民主觀念被創造出來用以取代勇氣
的貴族觀念。對於斯多葛學派來說，蘇格拉底之
死象徵著一種肯定生命和肯定死亡的勇氣，即求
生和赴死同時並存的勇氣。可怕的不是令人恐懼
的事物，而是人心中的恐懼本身。人必須有不爲
恐懼所動的內在勇氣。人的存在的勇氣既要表現
爲快樂，又要表現爲對苦難的忍受和超越。不溺
於快樂，不懾於苦難的具有存在的勇氣的人，超
越了神本身。到了近代，尤其在史賓諾沙那裡，
勇氣和人的自我肯定更緊密地聯繫在一起。史賓
諾沙的勇氣不僅是人類倫理的一種品性，而且是
人類存在的本己力量。「一物竭力保存其存在的
努力不是別的，即是那物的現實本質。」[10]「努
力」這個詞的拉丁文是"conatus"，意爲「爲某
事物而奮鬥」。奮鬥的目標是使事物肯定下來。
這樣的奮鬥正是事物的現實本質。勇氣既表現爲

肯定自身的自愛，同時也表現爲對他人的愛。自愛和愛他人的結合，並由這兩種愛共同達到對神的愛。對神的愛就是一種參與到自然中去的無限精神之愛。尼采的觀點與史賓諾沙不同。尼采把人生看成是一場冒險的試驗，把勇氣看成是人的生命力的表現。人只有在勇敢的冒險試驗中才能表現出自己旺盛的生命力。人是橋樑，人是過程，生存的勇氣就表現在不斷超越自身的努力之中。超越自身是對人的生命存在的更高意義的肯定。超人就出現在人的不懈的永恆的追求之中。強力意志給人的存在以無限的勇氣。

　　哲人賢士們提出的各種勇氣觀，都沒有從人的生存結構中，從完全的本體論意義上來思考勇氣的問題。他們或者規定了勇氣的限度，或者把勇氣與某個外部物體聯繫起來。田立克認爲，我們必須在存在與非存在的關係上談勇氣，把勇氣看成是存在的勇氣。存在的勇氣是其自身，它超越了一切心理的、倫理的和歷史的規定，超越了一切外物甚至超越了上帝。在田立克的勇氣觀中，「不顧」和「接受被接受」是兩個值得一提的

重要觀念。「不顧」就是不顧非存在這一事實而對
存在進行自我肯定。人的存在的勇氣也就在這裡
得以展示。儘管非存在帶著無可穿透的黑暗，讓
人感到莫名的恐懼，但是，人仍然要不顧非存在
的威脅而專心致志於存在。孔子曰：「不知生，
焉知死。」同樣，知死方能知生。沒有對非存在
的深刻領悟，人們又怎能懂得存在的可貴，又怎
能珍惜善待現在？唯有非存在才能使存在突顯出
來，同時，也使得人們在肯定自身存在時，生長
出一種不顧非存在威脅的勇氣。這種勇氣，雖為
非存在所激發，其源泉卻是存在自身，是存在的
力量給予人們向非存在抗爭的勇氣。「接受被接
受」是基督教新教的一個重要思想。按新教的看
法，人們經常體驗到這樣一些事實，那就是罪過
和譴責的焦慮占據人心。命運的捉摸不定、死亡
的如影隨形般的威脅、人生無意義的極度絕望，
這些都是生命無法承受的痛苦。當人們陷入沉重
的罪惡感而害怕被上帝拋棄的時候，人們必須相
信自己的罪過將被上帝的寬恕所接受。在人們受
到來自死亡的威脅時，當人們被人生「虛無」的

撒旦所攫住時，人們必須相信自己對上帝的祈求已經被上帝接受了。田立克據此提出，「接受被接受」的主體不是人而是上帝，被接受的存在不是上帝而是人自身。當然，人的「被接受」來源於人自身的決斷。這種決斷果敢地把人的「被接受」當作一件無條件的事實。有了這個無條件的事實，人們也就可以依靠存在的勇氣把焦慮、空虛、恐懼、無意義、絕望和死亡等非存在的威脅……一古腦兒接受下來，並堅信存在的勇氣能夠抵抗和消解這一切的不幸。當此之時，信仰就出現了。「信仰是被存在本身的力量所攫住時的存在狀態。存在的勇氣是一種信仰的表現。而『信仰』的意蘊必須藉由存在的勇氣才能得到理解。」[11]我們可以說，信仰就是對存在的勇氣的體驗。絕對的信仰就是對此信仰的信仰。信仰的指向就是終極關懷的指向。只有人的存在和人的存在的意義才是終極關懷的內容。在人們面對非存在的一切不幸的威脅時，存在的勇氣顯示出了力量。人們不應該再信仰別的，只應該信仰在存在的勇氣表現出來的存在的力量。絕對的信仰，

超越了人的一切精神狀態。它在人生的臨界點
上，在絕望的邊緣上踏出一條生路來。「敢於把無
意義納入自身的勇氣需要以它與存在根基的關係
為前提，我們已把這種關係稱之為『絕對信仰』。
它沒有特別的內容，但不是無內容。絕對信仰的
內容就是『超越上帝的上帝』。」[12]信仰、存在、
存在的勇氣和終極關懷具有相同的精神實質。

　　由此看來，「終極關懷」既是一個哲學概念，
又是一個宗教神學概念。之所以說它是哲學概
念，是因為它關涉到人類生存的最初根基和最高
境界。哲學具有追溯性和理想性的功能。它以本
源意義的分析為自己的旨趣所在，同時，它又以
探索和塑造理想的價值世界為己任。從哲學方面
看，「終極關懷」就是存在的意義和力量。田立
克以存在、存在自身和新存在等哲學概念，在本
體論意義上分析了「終極關懷」的結構性和普遍
性。之所以說「終極關懷」是神學概念，是因為
幾乎所有的宗教都關心信仰的終極性問題。田立
克從對上帝問題和作為基督的耶穌的闡述，從神
學的角度分析了「終極關懷」的具體性和神聖性。

註　釋

[1] Paul Tillich, *Systematic Theoloye*. Volume l. The University of Chicago Press. 1951. p.14.

[2] 田立克，《文化神學》，工人出版社，1988，第7頁。

[3] 同註1，第 211 頁。

[4] Paul Tillich, *The New Being*. SCM Press Ltd. 1956. p.19.

[5] 同註1，第 12 頁。

[6] 同註1，第 153 頁。

[7] 海德格，《形而上學導論》，商務印書館， 1996，第 1 頁。

[9] Paul Tillich: *The Courage To Be*. p.1.

[10] 史賓諾沙，《倫理學》，商務印書館，1981，第 98 頁。

[11] 同註9，第 172 頁。

[12] 同註9，第 182 頁。

第三章
宗教神學與象徵

一、象徵法

象徵法是用某一事物、人物或者圖形、概念來展示實在和精神的「深層」與「終極」的方法。它廣泛地應用於詩歌、藝術、宗教和哲學的領域中。象徵（symbol）在古希臘是指「拼湊」、「類比」。象徵在人類精神的存在中，或多或少地保留人與自然的某種聯繫。它作為一種人對存在的深層的情感和體驗方式，是宗教、習俗、儀式的基礎。最早的象徵還有「信物」的涵義。象徵原先被希臘人用來指一塊書板的兩半塊，他們互相各取半塊，作為好客的信物。後來它被用來指那些參與神秘活動的人藉以互相秘密認識的一種標誌、秘語或儀式。生活和文學中的象徵用某一事物、人或範疇來暗示不可感知的意義和情感。比如，古代中國人以「松、竹、梅」的歲寒三友來象徵人的堅韌、高潔和操守；現代中國人以「紅

旗」來象徵光明、進步和勝利。田立克認為，象
徵必須同時具有兩種功能：一是探尋事物本身的
深層。如藝術象徵，這種象徵所代表的東西是無
法用其他任何方法來表達的，它也使我們有了新
的感受和欣賞的能力；二是開啓人類的精神。象
徵能夠使平常隱藏在日常俗務中的價值和意義顯
示出來，從而讓人面向這些價值和意義。同時也
開啓人類心靈深處的門扉，使人的精神得以昇
華。象徵法產生於我們重新發現某種極為重要的
東西的過程中。象徵是我們走向生活的更高境界
的需要。在生活中，我們用各種不同的語言方式
來認識和把握世界。在世界中，存在著帶有巨大
差別的「實在」的層次，這些不同的層次需要不
同的方法和不同的語言。象徵法直指人類生活的
「深層」實在。

　　田立克詳細研究了一般的象徵理論。他說，
象徵（symbol）與標誌（sign）有一個表面上的相
似，即象徵與標誌都代表某種在它們本身之外的
東西。譬如，十字路口的紅燈，是一個典型的標
誌。它不表明它自身，而是表明行人和車輛不能

再往前行駛了，必須立即停止。同樣，象徵也超
出自身之外表明一種它所代表的實在。但是，這
兩者之間又有著一個根本的差異：標誌不以任何
方式介入它所標指的實在和實在的力量；而象
徵，雖與它所表徵的東西不同，但卻介入了它所
表徵之物的意義和力量。象徵和標誌之間的差別
在於：介入被表徵的實在這一點使象徵成為象
徵，而不介入被表徵的實在這一點使標誌成為標
誌。標誌與其所代表的事物之間只有外在的關
聯，而象徵與所象徵的東西卻有內在的聯繫。例
如，旗幟，尤其是國旗，總是介入了它所代表的
國家和民族的力量。假如僅僅作為一個物體，那
只不過是一塊布塗上了顏料和花紋而已。而旗幟
作為象徵，則代表了一個團體、甚至一個民族與
國家的尊嚴和偉力。

人們不免提出一個問題：「為什麼我們不直
接擁有它們所代表的東西？為什麼我們非得需要
象徵呢？」田立克解答說：「這就涉及到某種也許
是象徵的主要作用的東西，即對實在層次的展
示。實在層次如果不被象徵所展示就會隱藏著，

並且，人們不可能藉由用象徵以外的方式去把握
它。」[1]什麼叫展示和展示實在層次呢？展示是透
過象徵的作用把一種更深層次的實在表現出來。
譬如，耶穌受難的故事或油畫，它們要表現的不
是一個人的痛苦的死去。如果僅僅是這樣，這個
故事或這幅油畫就沒有起到象徵的作用。「耶穌
受難」是一個象徵的展示，它展示給人們的是在各
種肉慾的滿足或快樂的愛之外，還有一種替人受
難的、自我犧牲的愛，由此展示人類生存中的最
為崇高偉大的層次。而且，也由此帶來人們心靈
的震顫、反思和醒悟。因此，「展示是一種雙邊
的作用，也就是既展示較深層次裡的實在，又展
示特別層次中的人類靈魂。」[2]

　　田立克認為，象徵具有個別性。一種象徵不
能被別的象徵所取代。每一種象徵都具有一種僅
屬於自己的、並且不能為別的象徵所取代的特殊
作用。於此相比，標誌是能夠被取代的。如果我
們發現綠燈不如藍燈便利（這不是真的，但可能
是真的），那麼我們只要裝上藍燈就可以了。但
是，許多象徵性的詞，比如，上帝、十字架、基

督復活等等，卻不能被替代。當象徵以其特殊作用被使用時，是不能被隨便取代的。既然象徵這樣特殊，又如此重要，那麼，它生自何處呢？田立克回答說：「象徵生自我們今天通常所說的『群體無意識』或者『集體無意識』（不管你把它稱做什麼），生自一個群體，這個群體在一件事物、一個詞語、一面旗幟或者不管什麼別的東西中承認了自己的存在。象徵不能被有意識地創造出來，即使有人企圖創造一種象徵（像有時候發生的那樣），這種象徵也只有當群體的無意識首肯它時才能變成一個象徵。」[3]如果人類群體與一種象徵相應的內在境況不復存在時，這種象徵也就死了。由於多神論所由產生的環境已經改變或不復存在，因此，所有作爲多神教象徵的神也就死了。

二、宗教語言的本質

　　宗教語言的本質就是宗教的象徵。沒有象徵性的語言，宗教將會處於難以生存的境地。僅僅使用一種「淨化」的語言，許多學科都會失去它的作用。田立克認爲，今天，在哲學、神學等學科中，我們均處於一片語言混亂之中。詞語不再向我們傳達它們起初傳達和它們被創造出來用以傳達的東西。這種情形又同另一件事實有關，即中世紀的經院哲學是一個「淨屋」（clearing house），17世紀的新教經院哲學至少試圖成爲淨屋，康德哲學試圖恢復淨屋，而我們當今的文化沒有淨屋。由於這一點，我們也許會同情邏輯實證主義者，他們試圖營建一座淨屋。唯一的批評是，他們營建的這座淨屋太小了，也許僅僅只能算是房屋的一角，而不是一座真正的淨屋。因爲，這種淨屋排斥了生活的大部分領域。**邏輯實證主義想**

要淨化語言的思路使我們更清楚地認識到，並非現實中的一切事物都能藉由那種最適合於數學科學的語言爲我們所把握。它不過再次證明了，世界上存在著帶有巨大差別的「實在」層次，這些不同的層次需要不同的方法和不同的語言。我們正處在一個重新發現某種極爲重要的東西的過程中。

宗教需要象徵的語言，用來展示一種「實在」的層次。這種「實在」的層次如果不爲宗教象徵所展示，就會深藏著，根本不會顯現出來。我們可以把這種層次稱爲實在本身的深度。實在本身的深度是所有別的維度和所有別的深度的基礎，因此，它不是與別的層次並列的層次，而是根本的層次，是所有其他層次的基礎。宗教象徵展示了對人類靈魂中這一深度的體驗。如果人類對某種宗教象徵不再有讓人體驗深度的作用，那麼，這種象徵也就死去了。

田立克指出，終極實在的維度就是神的維度。宗教象徵就是對神的象徵。宗教神學的哲學要顯示存在的終極，離不開象徵。他說，人的終

極關懷一定要用象徵表達出來，因為只有象徵化
的語言才能表達這種終極。「只要我們說到了我
們終極關懷的對象，不論我們是否稱之為上帝，
我們所說的都帶有象徵性的意義。在我們所說的
語言參與到其所指的對象之中時，這些語言所指
的在語言本身之外。信仰捨此別無他途可以更合
適地表達其自身。信仰所用的語言是由象徵構成
的語言。」[4]

　　宗教的象徵方法，最初是由奧利金提出來
的。他區分了聖經的顯義與隱義。他說：「《聖
經》為聖靈所寫。其意義不但有一眼可看出的，
也有大多數人沒有注意的意義。因為這些文字是
某種神秘的形式與神聖事物的影象。」[5]這裡，顯
義指的是《聖經》語言中字面本來的意義。而隱義
則是《聖經》語言作為象徵所指出的在字面以外的
意義。蘭道爾認為，宗教象徵代表神聖的意向。
它能透過現實而直入想像的完美的、永恆的範圍
內的透徹認識的光華。他認為，宗教象徵有四種
功能。(1) 調動情緒、激勵行為；(2) 鼓勵合作、
形成宗教團體；(3) 超越日常語言、傳達啟示訊

息；(4)進入深層、體驗神聖。

宗教象徵具有雙重作用。第一，宗教藉由象徵直接指向無限，為人打開神性的大門；第二，宗教透過象徵指向有限，為神性打開人性的追求。田立克指出：「宗教象徵是一把雙刃劍。它既針對其所象徵的無限者，又針對其透過這無限者而象徵的有限者。宗教象徵將無限拉下到有限，又將有限提升到無限；既展示神性為人性者，又展示人性為神性者。」[6]舉例來說，如果上帝被象徵為父，則上帝被拉下到了父子的人倫關係；但與此同時，人倫關係也被聖化到了一種「神人關係」的典型。談到上帝，宗教象徵用的都是普通經驗的材料。這些材料的普通意義既被肯定又被否定。每一種宗教象徵的材料，在它的文字意義上是要否定自身的；但是，在它的自我超越的意義上又是要肯定自身的。這裡要求明確兩個問題：(1)關於上帝的宗教象徵並不與上帝的實在意義同一；(2)這個象徵也不是一種指向某種與它並無內在關聯的事情的標記，而是憑藉著參與而代表它所象徵的實在的能力和意義，即象徵參

與在它所象徵的實在之中。田立克說：「每一種
宗教所說的關於上帝之事，包括他的種種性質、
行為和顯現，都具有一種象徵的特色。並且，如
果人們只按照字面的意義看象徵性的言詞，就會
完全誤會『上帝』的意義。」[7]那麼，循著上述思
路，我們也就明白為什麼要把象徵用在上帝身上
了。從語言方面看，由於我們的語言是用來描述
存在物的，而上帝並不是一種存在物，所以，我
們只能用象徵的方式談論上帝；從人自身的有限
性方面來看，我們的存在是有限的。我們所認識
的東西，也都是藉由我們的有限性而認識的。因
此，關於上帝，我們能夠認識和談論的東西，總
是象徵性的。就是說，我們談論上帝的東西是由
這樣一些陳述組成的，這些陳述所指的東西總是
超出於自身之外。上帝是象徵的，這樣說是指我
們透過象徵來認識上帝、談論上帝。但是，上帝
本身是非象徵的。他是終極關懷的存在狀態的表
達。無論這個關懷的內容是什麼，這個狀態是人
類普遍存在的。在田立克看來，對於宗教上稱為
上帝的那個終極的實體，唯一可能的字面上的、

性者的象徵要參與在其所指的神性者的威力，才
得以成爲真正的象徵。」[9]宗教象徵取自經驗實在
提供給我們的大量材料。時空中的一切事物都可
能在宗教史的某個時候變成了一種關於神的象
徵。因爲我們所接觸的世界中的每一件事物都依
賴於存在的終極基礎。

三、宗教象徵的冒險性

　　由於宗教象徵是象徵本身和實在的終極意義
的統一，所以它也給我們以確定和非確定的帶有
模糊性的生存冒險。象徵本身是介入了神的神聖
性，但介入本身不是同一，象徵本身不是神。神
是超越一切的東西，它高於和超越於關於神的每
一個象徵。在田立克看來，宗教象徵是雙面的。
它們既可以引向它們所象徵的無限者，又可以引
向它們藉以象徵無限者的有限者。它們使得無限
者向有限者下降，又使得有限者向無限者上升。

由此，他認為，宗教與生活中的所有事物一樣，受著「模稜兩可」法則的支配。「模稜兩可」意味著宗教同時是創造性的又是毀滅性的。宗教象徵作為象徵既然介入了它所要表明的東西，人們總要將它當作一種要替代它應表明的東西的傾向。並且有變成終極的傾向。當宗教象徵這樣做時，它就成了偶像。所有的偶像崇拜都不過是對神的象徵的絕對化和將神的象徵等同於神本身。例如，透過這樣的方式，某些憑藉宗教效力的言語、活動可以成為終極的、無條件的。某些英雄式的人物可以成為神。諸如這些本來只是象徵性的事物，當它們被推向神本身所具有的無條件性和終極性時，就變成了惡魔。

田立克認為，在所有的宗教象徵中，有兩個根本的層次：(1)超越層次，即超越了我們所接觸的經驗實在的層次；(2)內在層次，即我們在與實在接觸時所發現的層次。超越層次的基本象徵是上帝自身。關於上帝，我們必須說明兩點：(1)上帝是最高存在，而我們所擁有的一切事物都以一種最完善的方式存在於這種最高存在之中。在我

們與這種最高存在的聯繫中，我們採用了象徵並
且必須採用象徵。假如上帝僅僅是終極存在，那
我們就不能與上帝相通。但是，在我們與上帝的
聯繫中，我們是以其自身所是的最高層次——人——
與上帝接觸的。因此，在敘述上帝的那種象徵性
形式裡，我們獲得了這樣一種東西，它無限地超
越了我們對作為人的我們自身的經驗；同時，我
們又獲得了那樣一種東西，它是如此適合於我們
作為人的存在，以至於我們稱呼上帝為「你」。
(2)在我們關於上帝的意象中有一種非象徵性的因
素，即上帝是終極的存在，是存在本身、是存在
的基礎、是存在的力量。這是無條件的。而對於
某種無條件東西的認識，必定在自身就是它所是
的東西，而不是象徵性的。以上兩個因素，我們
都必須瞭解和堅持。田立克說：「假如僅僅維護
無條件這個因素，那就有可能與上帝發生不了聯
繫，假如我們僅僅維護『我——你』的關聯（像
我們今天稱謂它那樣）這個因素，我們就喪失了
神這個因素，也就是喪失了超越主客體和所有別
的分裂的無條件。」[10]超越層次的第二個要素是

量都不可能存在。另一條理由是對蘊含在聖母童
貞中的讚美因素的否定。所以，只要新教的環境
存在下去，聖母象徵不可能被重建。

從田立克的思想中，我們還可以看出，他特
別警惕那種把宗教象徵當作崇拜的偶像的危險。
他認為，任何宗教人物、宗教教義和儀式都不可
能是終極的。因為除了終極本身以外沒有什麼東
西能夠是終極的。他舉例說，十字架的象徵以悖
論的方式說明了這一點。大家都知道，十字架象
徵基督。十字架的簡單圖形是耶穌受難時的痛苦
記錄。在十字架的象徵中，耶穌的受難被表現出
來。為了不變成一個偶像，不變成一個與上帝並
列的神，耶穌必須犧牲自己。「因此，具有決定
意義的是這樣一個故事，當彼得把『救世主』的
名號奉獻給耶穌時，耶穌接受了它。耶穌是在這
樣一個條件下接受它的，即他不得不去耶路撒冷
『受難』並且『死去』。這就意味著甚至就耶穌而
言也否定了那種偶像崇拜的傾向。這個故事同時
表明了那個衡量所有其他象徵的標準，所有的基
督教會都應該使自身遵循這個標準。」[11]

註 釋

[1] 田立克，《文化神學》，工人出版社，1988，第 67
    頁。
[2] 同註 1，第 70 頁。
[3] 同註 1，第 71 頁。
[4] Paul Tillich, *Dynamics of aith*, Harper and Row Pub-
    lishers, 1957, p.45.
[5] 轉引自趙敦華，《基督教哲學 1500 年》，人民出版
    社，1995，第 98 頁。
[6] Paul Tillich, *Systematic Theology*. Volume 1. p.267.
[7] 同註 6，第 266 頁。
[8] 同註 6，第 239 頁。
[9] 同註 6，第 266 頁。
[10] 同註 1，第 76 頁。
[11] 同註 1，第 83 頁。

第四章
上帝、信仰與拯救

一、上帝與終極關懷

在田立克看來，神學的基本問題，是關於上帝的問題。上帝，就是對包含在存在之中問題的答案。上帝是對隱含在人的有限性之中問題的回答，他是與人的終極相關者的名稱。

這樣一個說法，並不意味著，先有一個存在物叫做上帝，而後有一個要求，即人應該終極地關切他。這意味著，使一個人終極地關切的任何東西，就成了他的上帝。反過來說，一個人能終極關切的，就是上帝。

作為一個神學家，田立克的下面一段話是令人深思的，他說：「假如你一上來就問上帝是否存在，那你就永遠也可能得到上帝。並且，假如你肯定上帝存在，你甚至比否定上帝存在更加遠離上帝。」[1]有人就因為田立克的這段話而否定他是一個神學家。其實，田立克在這裡說出的是一

個極為深刻的宗教神學道理。

　　也許會有一些虔敬的信徒堅信上帝是一個歷史和現實的存在，那麼，他就將上帝置於有限性的各種範疇。即使稱上帝為「最完善」和「最有力」的「最高存在物」，這種情況也並未改變。最高級詞語一用於上帝，就成了一個小詞語。因為，這些詞語一方面把上帝抬高到所有其他存在物之上，另一方面又把上帝置於其他存在物的層次上。這種關於「存在物」的信念經不起科學甚至常識的追問。當人們將上帝置於「存在還是不存在」的爭議的時候，其實已經離開真正的上帝很遠了。

　　田立克的立意深遠的理論是：上帝是存在本身，是一切事物之中和一切事物之上的存在之力，即無限的存在之力。上帝絕不是現存宇宙中與其他事物並列的東西，而是人類精神的基礎。上帝居於人類精神整體中的深層。

　　如何理解上帝是存在本身呢？田立克說：「從柏拉圖時代以來，人們就已經知道（儘管時常忽略，尤其是唯名論者及其現代追隨者們經常忽

略），作爲存在或存在本身的存在之概念，所指的是內在於一切事物之中的那種力量，抗拒非存在的力量。」[2]因此，上帝作爲存在本身就是我們抗拒非存在的力量。

宗教和宗教中的上帝所指向的是人類精神生活中終極的、無限的、無條件的一面。宗教，就這個詞的最廣泛和最根本的意義而言，是指一種終極的眷注。上帝，就是人類的終極關懷。

上帝是一個聖靈的存在。田立克說：「上帝向我們顯靈就是聖靈存在的含意。聖靈並非一個神秘的物體，也不是上帝的一部分，它就是上帝本身。」[3]他還引用了保羅的一段話：

> 並非我們自己能承擔什麼事，我們的才幹是從上帝而來。他使我們能擔當新約的執事，不是憑字面的律法，而是憑藉聖靈。因爲字面的律法帶來死亡，而聖靈賜予生命。[4]

田立克認爲，字面律法帶來的是死亡的力量。這力量不僅見於十誡和聖經以及歷史上對十誡的各種解釋，也見於父母和社會用權威的筆寫

進我們潛意識深處的那些東西。確實，字面律法
在它令人恐懼的威嚴裡擁有生殺予奪的力量。它
藉由強加於我們充滿敵意和仇恨的事物，殺戮我
們存在的喜悅。它透過迫使我們注意於一份律法
清單，殺戮了我們創造性地回答我們所遇到的事
和人的自由。它還透過我們由焦慮所產生的良心
的不安，來殺戮我們行動的勇氣。在那些對律法
異常嚴肅認真的人當中，它殺戮了信仰和希望，
並把他們投進了自我譴責和絕望的深淵。

　　只有聖靈能夠把人從律法的清規戒律的重壓
下解救出來。這樣的功績，就像從死亡的判決下
釋放一個新的生命一樣。這是一種經由聖保羅、
奧古斯丁和路德等人開創的改變精神世界和人類
歷史的革命性的力量。由此，我們可以分享到存
在深度方面極其罕有的體驗。

　　有人說，我不知道所謂的聖靈的力量，我從
來沒有過這樣的體驗。我不是有宗教感的人，至
少不是一個基督徒。但我渴望去實現自己的整個
存在。對此，田立克回答：

　　畢竟，世界上還存在一些能夠意識到和可以觀察到的聖靈存在的現象。……讓我來列舉一下吧：[5]

　　聖靈用纖柔和持續不斷的聲音在你心裡低語，告訴你們，你們的生命是空虛和無意義的，不過在你們的內在自我被空虛填滿和被愚鈍麻木打敗之前，仍然存在許多獲得新生的機會。聖靈在你們身上發生作用，喚醒人們心裡趨向崇高的願望，來反抗日常生活的瑣碎和庸俗。

　　聖靈還能把你們從隱蔽的仇恨和敵意裡解救出來，從公開的忿恨中解救出來，能使你用愛心去愛你極為厭惡的人，或你絲毫沒有興趣的人。

　　聖靈可以征服你身上的懶惰，使你認識到自己的生活目標。聖靈能在你心裡和周圍充滿寒冷的時候升起溫暖，也能在你失戀時給你智慧和力量。

以上這些，「既是聖靈所做的工，又是時刻

與我們一起必存在於我們之中的聖靈存在的象
徵。」[6]

　　但是，這個上帝，「既不是作爲萬物的創造
基源的上帝，也不是引導歷史發展並在重要的歷
史事件中顯現自己的上帝，而是存在於社會和個
人裡，抓住他們、感悟他們並改變他們的上帝。[7]

　　要理解真正的上帝，又必須從基本的宗教思
想和基督教新正統主義的基本思想說起。

　　田立克指出，現代的宗教研究或者把宗教當
作道德的至親，因爲它有助於教育出虔誠善良的
公民；或者把宗教當作認識的一種特殊方式，即
神話想像和神秘直覺的方式；或者將宗教當作一
種情感，是人類絕對依賴於神的一種感情。但
是，這樣思考宗教的結果是：宗教沒有地盤，也
沒有家園。不少宗教學家力圖把宗教歸結爲人類
體驗之外的某種自然的方面或狀態。哲學家以某
種社會需要爲基礎來解釋宗教體驗，而心理學家
把宗教歸結爲某種形式的投射反映和理性化或合
理化的論證。田立克認爲，宗教不是人類精神的
一種特殊機能，而是人類精神生活所有機能的基

礎。宗教原本不需要什麼地盤，根本不必去尋找
什麼家園。在所有地方，在人類精神生活所有機
能的深層裡，宗教都可以找到自己的家園。「『深
層』一詞是什麼意思呢？它的意思是，宗教指向
人類精神生活中終極的、無限的、無條件的一
面。」[8]宗教，是一種終極的眷注。在這裡，我們
看到，眷注的事實與終極的方面表明了宗教體驗
具有生存的性質。

　　宗教神學的表述被田立克限定在人的終極關
懷的範圍之內。他提出了神學確定的兩個標準。
第一項標準是：「神學的對象，是引起我們的終
極關切的東西。只有這樣一些命題才是神學命
題，即這些命題對於其對象探討得如此之深，以
致於該對象對我們來說能成為終極關切的問題。」
[9] 第二項標準是：「我們終極關切的東西，是決
定我們存在還是不存在的那個東西。只有這樣一
些陳述才是神學陳述，即這些陳述對於其對象探
討得如此之深，以至於該對象對我們來說能成為
存在還是不存在的問題。」[10] 利文斯頓認為，「終
極關懷」這個術語，可以說就是田立克對《馬可福

音》中一條最爲著名的偉大誡命的抽象解釋，這條誡命就是：「主，我們的上帝，是唯一的主。你當盡心、盡性、盡意、盡力愛主，你的上帝。」在田立克看來，上帝是人類生存的有限性的回答。上帝表現的是人類所終極地寄予關懷之內容。上帝是終極關懷的象徵。

　　基督教新正統主義神學認爲，生活在世俗世界中的人們並不想要真正認識上帝。由於人類本身的罪孽，他們是與真正的上帝相敵對的。他們寧願製造偶像式的崇拜對象。真正的宗教來自人的謙卑和懺悔。它只能依靠上帝的恩典，只能依靠啟示。人類只有認識到理性的局限，才能真正超越自身，走出自我崇拜的黑暗世界，走向真正的上帝世界。田立克作爲一個堅持新正統主義的新教神學家，對於上帝問題的思考具有以下一些特點：

　　首先，上帝的存在是超越有限的，因此也就超越了時空、因果等範疇。而時空、因果等範疇正是人們經驗的或科學的思維方式。所以，人們不可能藉由經驗的或科學的等理性思維方式去認

識上帝，上帝也並不透過自然的理性形式讓我們
瞭解他的存在。對於上帝的認識，只能藉由信
仰。信仰是一種深刻的精神領悟。

其次，上帝是一個最高的精神觀念。它與終
極關懷的同一意味著：人類在精神上有著最高的
統一性，這種統一性在人的精神中是實在的，因
為它能轉化為實在的力量。在田立克看來，終極
的解釋總是精神性的。上帝是一個精神象徵。藉
由這個象徵，人們能夠在自己的精神深處抓住終
極的存在和意義。上帝的象徵是有限的人同無限
建立的一種聯繫，以使人能在終極存在的意義和
價值的影響下，成為他所應該是的存在。人類創
造上帝這個象徵，就是為了給人們在情感上、心
理上有一個能夠認同的符號，能夠把無限引入到
人的生存中來。

最後，上帝是一切問題的預設和基礎。人們
不能否認上帝，就像不能否認真理一樣。因為人
只有以真理的名義才能認識真理，而這樣也就確
認了真理。同樣，上帝是上帝問題的預設。上帝
不是任何一個存在物，而是存在本身。這是不能

否認的。這也是奧古斯丁和安瑟倫關於上帝問題的本體論回答。田立克思考上帝問題的一個重要特點是他總是將上帝和存在本身聯結起來。他說：除了「上帝是存在本身」這句話外，「關於作為上帝的上帝，就再也不可能說出什麼非象徵性的話來了。」[11]那麼，如何理解「上帝是存在本身」呢？田立克自有他的一番獨到的解釋：「當人們說上帝就是或具有存在時，它對存在的關係是如何為人所瞭解的？按存在的能力或征服非存在的能力的意義而論，上帝就是存在本身。」[12]把上帝理解成存在本身，把存在本身理解成存在的力量，這種聯結不僅為田立克對「終極關懷」作出神學和哲學相統一的闡述奠定了堅實的基礎，而且也引起了思想界廣泛的關注。利文斯頓在《現代基督教思想》中說：將基督教神學和生存主義哲學結合起來，難題的根子在於他的本體論語言和分析的運用。「當田立克斷言，『上帝是存在本身』這句話是關於上帝的唯一的非象徵性陳述的時候，他的意思是什麼呢？作為一種字面陳述，它是異常含糊的。」[13]如果說利文斯頓對於田立克

　　終極關懷是從人類生存中緣起發生的。但
是，終極關懷不是主體性的。終極關懷與那從單
純主體性那裡可獲得的一切是對立的。人只能對
那個被稱為「絕對的他者」的上帝寄予終極關懷。
然而，這個上帝又不能是人類無法感受到的、不
能與之對話的「他者」。上帝在與人類保持距離
的同時，又可以超越這個距離，與人類直接發生
聯繫。上帝必然具有人格性。

　　在田立克看來，上帝是一個以其特定的意願
和存在方式迎著我們走來的人格。上帝的人格透
過耶穌表現為切近人類生存的人格。他說：「『人
格的上帝』這個象徵絕對是基本的。因為，一種
生存的關係就是一種人格對人格的關係。人不可
能終極地關切人格性比人更少的任何東西。可
是，既然人格性包含著個別性，問題就出現了：
在什麼意義上，可以把上帝稱為一個個人？……
『人格的上帝』並不意味著上帝是一個人。它的意
思是：上帝是任何有人格者的基礎，他從自身內
部帶來了人格的力量。」[15]

　　約翰‧麥奎利在評述田立克的「上帝」學說

時，指出了田立克的「上帝」既是存在本身又是
終極關切的關鍵內容。「當我們談到上帝的時
候，我們同時談到了自己。」上帝「這個詞不僅
表示存在，而且包括一種對存在的評價，對作為
神聖存在即仁慈公正的存在的獻身。」[16]確實，
「上帝」這個詞不是對某個與人漠不相干的東西的
冷冰冰的標籤，它包含著我們對於人自身的存在
的生存關懷。上帝是宗教神學詞彙中最為重要的
名詞，這個名詞的最重要的內涵不是產生於某個
遙遠的安慰、某種心靈的寄託，更不是彼岸的天
堂的說教，「上帝」這個詞的極其重要性產生於
「完整的生存」和人在其世界中的整個存在時。上
帝的存在不是遠離我們的，也不是為了庇護和證
明別的什麼，更不是為了存在而存在。上帝的存
在象徵著一種力量，一種給人以生存勇氣的力
量。因此，我們關於上帝的任何言說，都應在人
類完整的生存的範圍內進行，同時也在它的表
達、再現和交流中進行。

二、耶穌基督與新存在

　　田立克指出：「基督教之成為基督教，正是藉由這樣一種肯定：被稱為『基督』的拿撒勒的耶穌，實際上就是基督，就是說，是他帶來了事物的新的狀態，即新的存在。」[17]

　　把耶穌和基督聯繫在一起涉及到了基督教的誕生問題。「基督」這個稱謂在神學傳統上表示一位執行特殊職務的特殊人物。「基督」（Christ）是個希臘字，它同希伯來的「彌賽亞」是同義詞，意思是「受膏者」（the anointed one），即救世主。

　　田立克認為，基督教是在耶穌的門徒彼得受到感動而對耶穌說「你就是基督」的那個瞬間誕生的。基督教據以建立的事件必須具有兩個方面的內容：一是被稱為「拿撒勒的耶穌」出現在世上的這個歷史事實。這是基督教誕生的客觀方面；二是眾人在信仰中接受耶穌為基督。這是

基督教產生的主觀方面。如果沒有人們對耶穌基督的這種接受，基督也就不能成為基督。

作為基督的耶穌是獨一無二的。聖經對耶穌的描繪就是對一個獨特事件的描繪。耶穌以一位與別人一樣的個人而現身。他的性格的一切特色以及他在歷史上所做的一切事情，都是獨特無匹的。基督教優於各種神秘宗教的，就是這種「真實的」描繪的具體性和無可比擬的獨特性。耶穌是一個真實的生命，透過他的一言一行而照射出人性中最優美的光輝。比較起來，其他許多神秘宗教中的神祇仍然停留在抽象狀態，沒有實際生存的生命中所具有的鮮明色彩。當然，新約聖經的主題並不在於述說一位獨特的多姿多彩的人物故事。它要描繪的是耶穌作為基督者的畫像。並且，因為耶穌是基督，因而具有普遍的意義。在田立克看來，新約記錄的每一個耶穌言行的特性，都使「新存在」成為清晰可見的。在耶穌基督的每一種表現中，都顯現出他的存在「更新」的普遍意義。田立克選擇了基督論的兩個中心象徵。第一個中心象徵是「基督的十字架」。它表

現的是基督受制於現實的生存存在。耶穌基督的
十字架的故事，並不是耶穌生平中的一個孤立事
件，而是最具有普遍意義的一個象徵事件。並且
其它的事件也在這個事件中獲得了它們的意義。
這個意義就是：那位身為基督者使自身屈從於存
在的各種消極性之下。在那裡基督捨棄了屬於神
的形象而成為奴僕，並且體驗了奴僕之死。

　　第二個中心象徵是「基督的復活」。它表現
的是基督對存在的征服。這個象徵表明了耶穌基
督中的「新存在」已經勝過了那種使自己受制約
的疏遠。它也不是孤立的事件。《聖經》中有些故
事是按象徵意義而為復活所作的明白的預告。比
如，當施洗約翰的門徒向耶穌問到他的彌賽亞特
質時，耶穌告訴他們那就是新紀元來臨的見證。
在耶穌所行的一切神蹟中，存在的自我毀滅的邪
惡總有一些被征服了。後來的基督教教會常常忽
視神蹟故事的這種基本意義，反而去強調它們的
具有事實性的神蹟特質。田立克認為，我們不應
該在事物的正常運動之外，在人們想像中的事物
運動所受的超自然能力的干預中，去尋找上帝的

臨在和能力，而應該在「新存在」克服存在的疏遠
化的自我毀滅的後果的能力中去尋找。如果按照
後面這種意義爲標準，那麼，作爲基督的耶穌所
行的各種神蹟就屬於得勝的象徵，並且也使「基
督的復活」這個中心的象徵得到了確證。

　　作爲同時代的新正統主義的同盟者魯道夫‧
布爾特曼對歷史上的耶穌問題的看法和田立克基
本相似。布爾特曼對於耶穌的生平等事實性的歷
史狀況不感興趣，而只注重耶穌之作爲某種意義
和訊息的承載者的宗教價值。他說：「我確實認
爲，現在我們幾乎不可能知道有關耶穌的生平和
人格的任何東西，因爲早期基督教的原始材料也
未表現出任何這方面的興趣，而且還是支離破碎
的，常常是傳奇性的。而別的關於耶穌的原始材
料又不存在。」[18]成爲我們主的，不是歷史上的耶
穌，而是宣講出來的耶穌基督。正是在布道中，
基督作爲上了十字架又復活的那位基督與我們相
見。

三、信仰、啟示與理性

　　在田立克的思想中，信仰、啟示與理性是統一的。這一方面要對信仰、啟示有正確的理解，另一方面也要對理性有正確的把握。

　　在田立克的思想中，關於上帝的信仰是人類深層精神的表現。「信仰是一種終極關懷的存在狀態。」[19]信仰作為終極關懷是一個整體人格的行為。信仰的動力就是人的終極關懷的動力。信仰是人類整體理性的一個組成部分。

　　啟示，在傳統上一直用來表示某種透過平常的獲得認識的途徑是無法接近的隱秘事物之展示。田立克認為，一個啟示，是一種特殊的和超常的展示，它從某個被以特殊的和超常的方式隱匿起來的東西揭開了面罩。啟示，總是一個處於嚴格相互依存中的主觀和客觀事件。某個人被神秘的展示所把捉，這是事件的主觀的一面；啟示

的神秘藉以把捉某人的某件事發生了，這是事件的客觀的一面。主觀的接受和客觀的發生屬於同一個完整的啓示事件。

啓示的認識，直接或間接地就是對上帝的認識，因此它乃是類比性或象徵性的認識。這種認識的性質，取決於上帝與世界之間關係的性質，而且只有在上帝教義的背景中才能予以討論。

由此看來，啓示的認識不能干預普通的認識，同樣地，普通的認識不能干預啓示的認識。如果神學家出於神學理由而不要科學觀點，這對於神學來說是災難性的事情，而且，當神學家們爲著宗教理由而害怕新的理論並盡可能久地抵制它們，最後在不可能抵制時又作讓步的時候，那對於神學來說是很丟臉的事情。從伽利略時代到達爾文時代神學家們的這種不明智的抵制，正是過去幾個世紀中宗教與世俗文化分裂的原因之一。

田立克認爲，「理性」一語，在現代哲學中的用法顯得隨便而且含糊不清。他說：「我們可以把存在論的理性概念和技術上的理性概念區分

開來。」[20]

　　理性的本體概念在從巴門尼德到黑格爾的古典思想中居於主導地位。這種理性是「心智（mind）的結構」。它既是認識的、又是美學的，既是理論的、又是實踐的，既是主觀的、又是客觀的。它促成心智去認識和把握世界並且改造世界。即令是感情生活，其本身也不是非理性的。譬如，柏拉圖認為，情愛驅使心智走向真實。亞里斯多德認為，對完美形式的愛推動著一切事物。史賓諾莎說，「理智的愛」把理智和情感結合在最為合理的心智狀態中。黑格爾指出，哲學乃是「為上帝服務的」；哲學是這樣一種思維：它同時是在「絕對真理」中的生活與歡樂。綜合上述這些理性的含意，人們不難得出這樣一個見解：理性就是「人性」。

　　理性的技術概念雖然在前哲學和哲學思想中常常出現，但卻是在德國古典觀念論衰落之後、伴隨著英國經驗論而逐漸占據主導地位的。它是理性被簡約成了「推理」的能力。古典的理性概念中只有認知的那一方面被予以保留著，而且只

殘留了認知方面的那些「爲了達到目的的手段」的
認知行爲。這種理性既是反神性的也是反人性
的。田立克認爲，由於認識只是各種事件整體中
的一個事件。所以，認識論（關於認識的「知識」）
是存在論（關於存在的知識）的一個組成部分。認
識的發生，無非是存在過程的展開。每一個認識
的主張都內涵有本體論的成分。因此，當在開始
作存在的分析時，與其從知識問題出發，不如從
存在問題出發，更爲妥當。我們在評價田立克的
理性認識論時可以看到，他一再強調知識起源於
自我與世界的生存性遭遇。這樣，可知性關係是
一個三重關係：認知的主體，被認知的客體和認
知行爲。它們是統一的關係。

　　田立克認爲，我們不但要瞭解存在的理性與
技術的理性，而且要知道「理性的深度」。理性的
深度所指向的，不是理性的另一個領域，而是表
現在存在的邏各斯中的「存在本身」，或是在每一
項合理創造中有創造力的「基礎」，或是任何創造
或全體創造都不能窮盡的「淵源」。所有這些提
法，都具有一種隱喻的性質。不過，這些隱喻可

以用在理性得以實現的各個不同方面。在認識領域，理性的深度就是它的性質，它藉由每一個認識領域的相對真理去指明「真本身」，即指明存在和終極實在者的無限力量的性質。在審美領域，理性的深度也是它的性質，它透過每一個審美直觀領域的創造活動去指明「美本身」，即指明一種無限意味和一種終極意義的性質。在法律領域，理性的深度透過每一個實現了的公正去指明一種無限的嚴肅和尊嚴的性質。

　　田立克把信仰與終極關懷視為一體，把信仰和人的存在本身聯繫起來了。他所主張的信仰、啟示與理性的統一就是作為「終極關懷」的信仰、啟示與作為「人的本性的理性」的統一。田立克所說的宗教信仰不再是狹義的基督教信仰——那個信仰只是一些注重表面形式的活動程式——它使傳統的宗教信仰趨於窒息。田立克從人類生存的最根本的價值和意義方面，提出了宗教神學與信仰的新見解。他認為，宗教展示的是人類精神生活的深層。它要求賦予人類生存以存在的勇氣和終極關懷的意義。宗教信仰就是人們在有限生

存中追求無限存在的表現，是一種把存在自身當
作體驗內容的精神生活方式。

傳統宗教信仰和田立克所說的宗教信仰之間
有幾個根本的區別：

首先，傳統宗教信仰把上帝看成是最高的最
完善的存在「者」。這個存在「者」具有現實的實
證性，只不過他居住在人類不能企及的彼岸世
界。田立克認爲，並不存在一個叫做上帝的存在
者。「肯定有上帝和否定有上帝一樣，都是無神
論。」[21] 上帝不過是一個隱喻性的象徵。雖然他
具有人們可以參與的人格性，但是，他並不具有
實體性的存在性。上帝一詞就是人類用以表達終
極關懷的精神存在。人所表現出來的對於上帝的
信仰，在實質上仍然是人類追求存在意義的一種
活動。

第二，傳統宗教把信仰和理性分離開來，只
是把信仰看作是「未見之事的證據」，偏重於強調
信仰的神秘性。田立克則認爲，人的宗教信仰和
人的理性認識是統一的。信仰中必然包含著理性
認識論的懷疑因素。他說：「人能夠提問，因爲

在參與的過程中，他能與他正在發問的東西相分離。在每一個問題中，都暗含有懷疑的因素、心中無數的感覺。在系統性的提問中，系統的懷疑具有笛卡兒式的效力。懷疑這個因素是一切精神生活的條件。」[22]湯普森評論說：田立克「讚賞的是笛卡兒，因爲笛卡兒將懷疑誇大爲人類對精神自主的探索的最高表達，並且由此把注意力放在真理的人類性和歷史性上。基督教宣稱自己是一個歷史的宗教。但是它並不準備面對這個立場的根本見解即像人的存在一樣的真理是具有歷史性的。」[23]而且，田立克總是將方法論上的懷疑和存在論上的懷疑區別開來。存在論上的懷疑不是反對信仰，而是對真理和神聖的終極關懷的表達。

　　第三，傳統宗教信仰是人對超自然力量的依賴感和畏懼感的產物。信仰的目的是讓「卑弱的自我」得到祐護。這種信仰表現的只能是人對自身生存有限性的焦慮和絕望。田立克認爲，「信仰包含著一種偶然因素並且要求一種冒險。」[24]信仰表現的就是人類存在的勇氣。信仰從來不會

自行確立。它常常要和各種非信仰作鬥爭，與來
自生存的各種不利因素作鬥爭。這種信仰接受了
「不顧」，即不顧非存在的威脅，不顧數不清的否
定之物。

在田立克的神學思想中，表現了濃厚的新正
統主義特色。他強調對於《聖經》的教義層面的理
解，但是，他同時又指出，《聖經》的啓示來源於
人類生存問題的對應。即，一方面，《聖經》的話
語是重要的，另一方面，神學啓示與人類問題的
聯繫也是重要的。啓示和問題的關聯就是信仰而
不是有公式可循的學問。在聖經研究的自由主義
思潮的影響下，田立克關於《聖經》的研究與信
仰，已不再是封閉的、孤立的教條式的訓誡，而
是「微言大義」的獨特反思和體驗。田立克神學思
想與托馬斯主義最大的不同點就在於他的思想不
以上帝存在的證明爲出發點，不以上帝的辯護和
消極期待爲歸宿，而是以上帝的啓示爲起點，以
人的終極關懷爲歸宿。

四、終極關懷與拯救

　　田立克指出，基督教所具有的普遍意義，在拯救這個詞中表明出來。在歷史上，基督教被稱為拯救的宗教。耶穌基督本身就被稱為救世主。「拯救」的詞語不計其數地被使用著，「拯救」的思想深深地滲透進基督徒的生活中。

　　拯救這個詞是從拉丁文"salvus"變過來的。意思是徹底醫治，即救助者對有病的人和精神垮掉的人進行徹底的治療。不過，「救」這個字也有解救、釋放、給予自由的意思。這層意思是針對以下事實的：我們是有限的。世界上那些扭曲和毀滅力的罪惡象徵，一直在奴役我們。而拯救者就是這個罪惡力量的征服者。因此，拯救既是對於病痛的醫治，也是對奴役的解放，兩者是同一的。

　　在聖經故事裡，關於耶穌，在眾多值得回憶

的事情裡，有一個事實非常重要，即大部分故事
都有關醫治。通常醫治有三種形式：肉體患病而
直接得到醫治，肉體患病而得到寬恕與醫治，以
及心靈患病而得到解救。遺憾的是，大多數講道
都著重描述故事裡那些神奇的特徵，用一種乏味
而又迷信的類似奇蹟的東西，替代了表現深刻性
的洞見。這種深刻性的洞見本來應該使聖經故事
顯現出疾病、健康與醫治——心靈和肉體的不可分
割的統一。

　　田立克指出，拯救也不是由公眾想像力創造
出來的那樣——逃離地獄，進入天堂。如果罪惡
是疏遠，人類面臨的無意義和絕望是一種終極的
消極性，那麼，拯救就是指脫離這種疏遠和終極
的消極性。由此，人類成為新的存在。

　　田立克認為，新存在所表現的終極關懷，用
一個神學術語來表達就是「拯救」。拯救是已經
疏遠化的人的「再和解、再統一、再復活」。這
裡要提出的一個問題是：為什麼田立克要強調
「再」的意思？而耶穌基督在人的「再和解、再
統一、再復活」中究竟起著什麼樣的作用？

　　田立克使用「再」這個詞，是要表明人的拯救是一個重新恢復他的本質狀態的過程。當然，不是回復到「天真」的潛在的本質狀態，而是經過生存的曲折和磨難，步入更向階段的回復。「再」的意思就是肯定了這種更高階段的統一。此外，「再」字也肯定了拯救中的一個方面是來自人類自身的內在力量，拯救需要人的內心的真正的接受。雖然拯救主要是來自於耶穌基督的神性啟示，但是如果沒有人的需要和努力，拯救也不可能實現。

註　釋

[1] 田立克，《文化神學》，工人出版社，第3頁，第7
　　頁，第33頁。

[2] Paul Tillich, *Systematic Theology*, Volume l. p.236.

[3] Paul Tillich: *The Eternal Now*.　Charls Scribner's Sons
　　1963.1,　p.84.

[4] 《聖經‧哥林多後書》，3：5-6。

[5] 同註3，第85頁。

[6] 同註3，第86頁。

[7] 同註3，第84頁。

[8] 同註1，第7頁。

[9] 同註2，第12頁。

[10] 同註2，第14頁。

[11] 同註2，第235頁。

[12] 同註2，第11頁。

[13] 利文斯頓，《現代基督教思想》，下卷，四川人民出
　　版社，1992，第726頁，第598頁。

[14] 奧特，《上帝》，遼寧教育出版社，1997，第5-6頁。

[15] 同註14，第63頁。

[16] 約翰‧麥奎利，《談論上帝》，四川人民出版社
　　1997，第94頁。

[17] Paul Tillich, *Systematic Theology*, Volume 2. p.14.

[18] 同註13，第598頁。

(19) 同註17，第167頁。

[20] 同註3，第72頁。

[21] 同註3，第237頁。

[22] Paul Tillich, *The Courage to Be*. p.48.

[23] Thompson, *Being and Meaning*. The Edinburgh University Press. p.5.

第五章
正義之愛和人的道德

一、愛、力量和正義

　　在人類思想史上，愛、力量和正義是不斷反覆討論的問題，也是哲學存在論不斷思考的主題。幾乎沒有一個主要的哲學家不把它們置於其思想的基礎之中。田立克指出，在柏拉圖那裡，我們發現了這樣一種關於愛的「阨洛斯」（eros）學說，它把「阨洛斯」作為一種趨向與真和善本身結合的力量。正義不是一種特殊的德性，而是個體與社會機體起結合作用的形式。在亞里斯多德那裡，我們發現了這樣一種關於普遍的愛的「阨洛斯」的學說，普遍的「阨洛斯」驅使每樣東西走向那最高的形式，即不是作為原因的對象，而是作為愛的對象去推動世界的純現實。他所描述的運動，是一種從潛能到現實的運動，它包括了力量的概念。奧古斯丁及其所有追隨者對「愛」的論述都表明了與力量和正義相關聯的「愛」的

首要地位。早期的黑格爾是一個愛的哲學家，而
且可以毫不誇張地說，黑格爾的辯證法體系，是
他對作為分離和重聚的愛的性質的具體直覺的一
種抽象。在近年的心理療法文獻中，力量衝動與
愛之間的關係正處在人們感興趣的最顯著的地位
上。對於焦慮和神經病中隱含的問題，人們越來
越認識到愛就是答案。

　　田立克認為，力量這一概念在對終極實在的
描述中發揮著重要作用。在亞里斯多德主義和奧
古斯丁主義的傳統裡，為了描述存在之為存在的
特徵，運用了種種含有力量因素的概念。在這方
面最具特色的，是尼采關於生命即力量意志的哲
學。尼采的「力量意志」既不意指力量，也不意
指意志。他說的並不是被稱為意志的那種心理功
能。從根本上說，力量意志是生命的動態的自我
指稱。就像所有描述終極實在的概念一樣，它既
有字面意義，又是一種隱喻。力量意志是每一件
有生命的事物以漸增強度和廣度實現自身的那種
推動力。力量意志並非人要獲得操縱人的力量的
那種意志，而是生命在自我超越的運動中，克服

內外阻力的那麼一種自我肯定。田立克總結說：
「關於存在論的性質，我們可以說的基本的東西是
什麼？我們是以這個問題作為本章開頭的。而答
案是：就定義而言，我們什麼也不能說，但就隱
喻的表徵而言，我們可以說出某種東西。為此目
的我們建議使用力量這一概念：存在乃是存在的
力量！」[1]如果就存在與非存在的關係而言，一個
生命過程越是強而有力，它就越能在其自我肯定
中包含更多的非存在而不被它毀滅。一個存在物
儘管有非存在而仍然自我肯定，這乃是其存在之
力量的表述。在此，我們已經觸及到了「力量」概
念的根基。「力量」是不顧內部和外部的否定而
自我肯定的可能性。它是克服非存在的可能性。
人的力量就是人無限地戰勝非存在的可能性！

　　千百年來，人們一直在討論「正義」的概念。
正義的含義也存在著諸多歧義。它在法律上的含
義與其倫理上的含義相矛盾，而其法律、倫理上
的含義又與宗教上的含義相衝突。法律上的正
義、道德上的正當、宗教上的含義似乎在相互爭
鬥。在人類歷史上，正義總是和特定的價值觀念

和社會制度相聯繫的，在古希臘人的思維裡，正義是整個倫理體系的統一。柏拉圖認為，正義就是保證各個階層各守其序、各司其職的理念和社會制度。亞里斯多德認為，正義是一種量的尺度，是由均衡和中庸所決定的政治觀念和社會秩序。更具體的說，他還說過，正義是分配與回報中的比例。這引起了好多難題。人們必然要問：「分配的正義」與「回報的正義」這兩個術語是否構成一種有效的區別。分配的正義是根據每個人的正當權利將利益給予他們，而每個人的正當權利又是由其社會地位決定的。回報的正義是作為懲罰而出現的，而且它引起了懲罰的意義及其與正義的關係的問題。由回報的正義決定的懲罰自身就是目的呢？抑或它是分配的正義的反面含義並由分配的正義所決定呢？「合比例的正義」這一術語意指正當權利的程度。它以地位的等級為前提，並要求一種正當的分配。另一方面，「正義」一詞又含有平等的因素。合比例的正義中的等級因素，如何與其中的平等因素相關聯呢？只有對正義作出存在論的考慮，才能給出回答。

在哲學史上，就有不少哲學家是從存在與正義的關係而得出他們的思想觀點的。比如，引導巴門尼德進入存在的真理的，乃是正義的女神在巴門尼德的詩歌片段中，我們得到了一種關於正義的古代存在論。在斯多葛哲學中，同樣一個邏各斯，既作爲自然界中的物質規律，又作爲人類思想中的道德律而發揮作用。作爲正義的原則，它審判一切現實的法律。在《舊約》中，先知們所宣告的正義原則不僅主宰著以色列，而且主宰著人類和自然。在後期猶太教中，律法在永恆領域中被實體化了，只有其表現形式是短暫的。這意味著，它正是對任何時期的任何事物都有效的存在的形式。服從它，則得到存在的力量；抗拒它，則陷入自我的毀滅。

1. 關於愛的新理解

歷史上有一種關於愛的觀點，那就是把愛理解爲情感。田立克認爲，愛自然地包括著情感的因素。愛，無庸置疑地包含著相當強烈的情感體驗的心理因素。沒有情感，愛是不存在的。不考

慮情感的因素，對愛的分析是蒼白無力的。但是，愛的情感因素既不是愛的唯一內容也不是愛的決定性方面。但是如果僅僅把愛理解爲一種情感，那麼，一切關於愛、正義和力量的關係問題，都將成爲不可理解的。如果把愛當作情感，愛就會成爲力量和正義的一種情感添加物。愛既不能改變正義的法則，也不能改變力量的結構。

　　田立克認爲應當從存在論的性質來看待「愛」的問題，那樣情況就大不同了。若沒有推動每一件存在著的事物趨向另一件存在著的事物的愛，存在就是不現實的。愛是生命的推動力量，在人對於愛的體驗中，生命的本性才變得明顯。愛是使分離者重新結合的動力與力量。重新結合的前提，乃是本質上共同東西的分離。絕對相異者不可能進入一個共同體。但是，疏離者總在力爭重新結合。愛在那裡克服了最大的分離，也就在那裡表現了它的最大的力量。人類的分離主要地表現爲自我與自我、自我與他人、自我與自然的分離。田立克用辯證的思維方法作出了他的分析：自我與自我的分離，是一切分離中最大的分離。

能夠使最徹底分離的存在物，即自我個體的人重新結合，這正是愛的完成與勝利。「個體的人既是最分離的，也是最有力量有愛的載體。」[2] 愛在這裡表現出維持完全的人格存在的力量；人與人之間的分離乃是保持著自我中心的分離，它們只有在愛中才能實現重新結合，這也是人與人關係的優越之處；人與自然的分離，也需要用愛心去加以彌合。愛的體驗有一種深刻的歧義：完成了的愛既是極端的幸福，又是幸福的終結。有一種田立克指出，如果種種形式的愛都是驅使分離者重新結合的動力，那麼，愛的唯一性質的種種不同特性就變得可以理解了。他分析論述了愛的四個性質。他認為，在現代語言中，人們只用一個詞來表示愛。而從古希臘文化的淵源來看，那時卻有四個詞來指明不同性質的愛，因而能夠更好地揭示愛的豐富內涵。"eros" 表示人類隱秘的本能愛欲。"philia" 指的是友誼之愛，即人們對於相似的和美好的人和事物的喜愛。"epithymia" 指的是生命的自我實現的愛。它與 "eros" 既有同一的方面，也有不同的即超越本能的方面。

"agape"指的是神聖的愛，上帝對一切人的無條件的愛。它有時也用來表示利他主義的愛，特別是指對於不同的，異質的、醜陋的人和事物的摯愛。

在傳統上，epithymia（欲望）被認爲是愛的最低級的特性，它被等同於感官上的自我完成和自我滿足的欲望。同樣，人們也把"libido"（力必多）定義爲對愉悅的欲望。在自然主義者方面，有著把愛的其他一切特性簡化爲欲望特性的**趨向**。這種以「快樂」爲思考核心的定義，是以一種錯誤的心理學爲基礎的，而這種心理學本身又是一種錯誤的存在論的結果。如何認識愛？如何認識「欲望」？田立克提出了他自己的見解。他指出，人力求使自己和他所屬的、他從中分離的東西重新結合。這不僅適用於人，也適用於一切有生命的存在物。它們希望著食物、運動、生長、對某一群體的參與、性方面的結合等等。這些欲望的滿足伴隨著愉悅。但是所欲者並不是愉悅本身，而是與滿足這個欲望的東西的結合。但是，如果有人從這些事實中推出了**趨樂避苦原則**，意

指生命本質上在於追求愉悅、避免痛苦，那就歪曲了生命的實際過程。正常的生活追求的是它所缺乏的東西，追求的是雖屬於它但又同它分離了的東西。

田立克著重闡述了愛的「阿洛斯」（eros）和「阿加佩」（agape）的性質以及它們的關係。"eros"的本意是古希臘神話中的愛神阿洛斯。在柏拉圖那裡，"eros"是所有文化創造和神秘主義的動力。它能將受壓抑的人的自然存在提升到純粹精神的領域。亞里斯多德認為，"eros"是吸引每一個有限事物的神性力量。正是這種吸引產生了行星、宇宙和人類精神的運動。在希臘和後來的大多數哲學家那裡，"eros"的意思是「欲望愛」（desiring love）。這是一種由被愛者本身的可愛性質所引起的愛。在現代精神分析學說中，"eros"經常與"libido"（力必多，意為性欲）相通使用。田立克說，"eros"中有"libido"的因素。但是，"eros"又不能完全等同於"libido"，它更多的是指人的生命本能的欲望。而且，包含著"libido"的"eros"並不就是惡。「如果性欲漠視他人的人

格中心存在，那麼，性欲和性的自主就是惡。換言之，如果愛的性欲性質不與愛的其他兩個性質相統一，如果它不在愛的"agape"性質的終極標準下，那麼，它就會成為惡。」[3]田立克十分重視"agape"一詞在愛的概念中的意義。希臘文中早有"agape"這個詞。可是在《聖經》的《新約》的作者之前，這個詞一直沒有普遍用來傳達任何與"eros"不同的意義。由於新約作者的使用，它的意思成了「給予愛」（giving love）。"agape"的範圍無限而且普遍。把這種最高的愛給予某一個人，並不是因為這個人有什麼特殊的地方，而是因為這個人是作為一個人而存在的。新約中說的上帝對人類的愛，也就是這個意思。例如，說「上帝是愛」或「上帝如此愛這個世界」用的「愛」字都是"agape"或其同義字。他認為，在"agape"性質上的愛，是宇宙中一切愛中最高的愛。它提供的是愛的不變因素和永恆原則。"agape"也是愛的自我超越因素。它並不是與愛的性欲、友誼和神祕性質相分離的。愛是一個統一體。沒有一種愛的性質是真正的愛所能缺少的。但是，愛的

了生命與愛。"agape"是進入愛中的愛，正如啓示是進入理性中的理性，上帝之道是進入一切言語中的言語一樣。

尼采從振興人類的生命意志的目的出發，指責基督教的傳統倫理造成了歐洲文化的萎靡和墮落。在他看來，同情和憐憫只能把人造成柔弱無能的羊群動物。如何認識基督教傳統中愛的深邃內涵和價值指向，是擺在當代神學家面前的一項重大課題。田立克在《愛、力量和正義》、《道德和超越》、《系統神學》等著作中提出了他的解答，爲我們更加深刻地認識和感悟人類的愛的精神提供了新的視域。田立克認爲，愛是一種最高形式的精神原則。它不僅有它的情感因素，而且還有它的存在論內容。

首先，從愛的生命存在的意義方面來說，愛是對於自我生命和全人類生命存在的肯定和尊重，是對於健全的自我人格和他人人格的參與和促進。愛表現爲自我人格的塑造和昇華。現實的人是獨立的個體存在。個體的人是最強大的愛的承擔者。個體的人對自身的愛叫自愛。自愛有正

確和錯誤之分。正確的自愛以對自身的人格尊重
為前提。它肯定的是獨立的、個性化的和負責任
的自我。錯誤的自愛叫自私。自私侵犯他人的人
格，妨礙自我的人格實現。

其次，愛在人們的社會交往中得以表現。在
正確的自愛基礎上的愛，必然具有強有力的利他
因素。田立克說：「如果認識到，將他人的人格
當作人格，不是與愛分離的，而是涉身於內的，
這時正義就進入了愛。」[5]

再次，愛是克服人的疏遠化、拯救人的生存
意義的一種活動，愛是新的創造和新的存在的動
力。在田立克看來，愛作為一個終極原則的力
量，能夠使人回到他本真的生活。「我沒有給愛
下過定義。因為沒有更高的原則可以作為愛的定
義的根據。所以，給愛下定義是不可能的。在愛
的現實統一體中，愛就是生活本身。」[6]

2. 關於力量的見解

傳統倫理學在論述愛的道德問題時，很少將
它和力量聯繫在一起。人們普遍認為，愛和力量

尤其是「強力」是兩個互相對立的概念。在一定的
意義上，愛就等於放棄力。力就是否定愛。無力
的愛和無愛的力是相互觀照的。在愛與力之間存
在著一個可怕的悖論：愛的實現就是力的喪失，
因為情感性的愛不應該有力的存在。為了愛的實
現，必須屈身俯就。如果把愛只是理解為它的情
感方面，把力理解為它的強制方面，愛與力的對
立是不可避免的。

　　我們認為，把愛和力統一起來，是田立克關
於愛的倫理觀的一大特色。在現實中，愛和正義
的成功，不是一件單靠理性和道德說服的簡單事
情。由於人類社會中存在的罪惡的驕橫與自我欺
騙的頑固，每一項爭取愛和正義的事情，都要透
過鬥爭，都包含著要在社會中爭取更平等的力量
分配的努力。

　　田立克分析了人類生存中的力量概念。他指
出，力量既指事物自身的存在力量，也指它對其
他事物發生的作用和影響。力量概念在人類生存
的意義上具有十分重要的地位。存在的力量就是
克服人自身內部和人以外的各種阻力而達到關於

生命存在的自我肯定。人類生命存在的力量是和
人類特有的意圖性相互依存的。我們把意圖性界
定爲「被引向有意義的內容」。愛是力量的基礎，
而不是力量的捨棄。力量是愛的保證。愛必須用
力量去摧毀那些分析了愛行使力量的兩種情形；
(1)愛在摧毀反對愛的活動時，不能去消滅那個從
事反對愛的活動的人，而是要在抵制他的活動過
程中拯救他。(2)在正義的形式下，有時愛的力量
也要強制地行使。譬如，對殺人犯的審判和處
決。愛的力量決不僅僅表現爲對罪犯的赦免，而
是表現爲既要處決罪犯又要爲他的靈魂祈禱。殺
人犯的肉體存在的毀滅，並不是愛的否定，而同
樣是愛的肯定。在他看來，愛是人對其本質存在
的回歸。「愛就是被分離者對重新團聚的渴望。
它是對一切存在的事物的一種普遍的愛。只要力
量支持這種團聚，力量就擔負了愛的工作。」[7]

3. 關於正義的解釋

　　什麼是正義？田立克認爲，正義是存在的形
式，是存在的力量實現自己的形式。如果說，愛

以存在論爲基礎，那麼，正義就要以愛爲原則。
假如，作爲存在之實現的生命，本質上就是向著
分離者重新結合的趨動力，那麼，存在之正義也
就是適合這個運動的形式。

　　田立克在批評傳統基督教倫理觀時指出，基
督教經常隱瞞它爲正義而作的鬥爭，經常以慈善
意義的愛來排斥正義。在田立克看來，愛是包含
正義於自身的，並且將正義當作它的無條件因
素。愛是分裂了的人的本質的再統一。正義就是
保證這種再統一的形式。「正義是一種讓愛在其
中存在並且進行活動的形式。在正義的終極意義
上，它是創造性的。創造性的正義是再統一的愛
的形式。」[8]

　　田立克說，以愛的存在論爲基礎，愛是正義
的原則。除了愛的原則之外，還有幾條原則發揮
著重要作用：(1)適合的原則，即形式對於內容的
適合。如果正義是存在的力量實現自身的形式，
那麼，正義必然就適合於力量的運動；(2)平等的
原則，就法律對同等者都同等有效而言，它是隱
含於每一條法律之中的。正義的核心內容是人格

平等。正義只有在愛中才能得到實現。正義的原意是「成爲正義」。它不僅是譴責和懲罰人，並且還要寬恕和轉變人。在《新約》中，正義是審判和寬恕的統一。藉由愛的改造達到的正義，是神聖的正義，是正義的最高形式。正義的愛，主要的不是一種情感，而是生活的一個原則。如果愛主要是一種情感，那它就有可能與正義發生衝突，而且會把本來一些不屬於正義的東西強加給正義。另外，包含正義於自身的愛是更深刻、更正確的愛。「沒有正義的愛，是沒有脊骨的軀體。愛的正義意味著，處於這種關係中的各方都不要被要求去湮沒自己。進入愛的關係中的自我將保持其獨立性。愛包括對待自我和他人的正義感」。[9] 正義之愛是無條件的。正義之愛作爲人類道德中的最高原則，就像天空中遙遠的星辰，也許經常遠離人生活的現實。但是，它卻指引著人類努力的方向。這種令人崇敬的璀璨的星辰，一旦爲人類所發現，就在人類心靈中燃起了希望之火。只要人類的生存脈動還在延續著、跳躍著，正義之愛的希望之火就永遠不會熄滅。

4. 關於愛、力量和正義的關係

在愛與力量、正義的關係上，田立克指出，愛是力量的基礎。力量就是存在的愛的力量。正義是存在的力量在力量與力量交往中實現自己的形式，正義寓於力量之中，正義也寓於愛之中。愛與力量都透過正義這個形式而發揮作用。在其終極的意義上，越有存在的力量，越有發揮重新結合作用的愛。正義是創造性的正義，而創造性的正義，正是在力量的作用下進行重新結合的愛的形式。

田立克關於愛、力量和正義的論述具有強烈的本體論色彩。他認為，愛、力量和正義這三個概念是心理學、社會學和人類學等社會科學裡的中心概念。對這三個概念的分析，離不開本體論的方法。「本體論是一種發現所有原則和我們論題中這三個概念的根本意義的方法。」[10]「本體上的」這個詞來自希臘語「在存在上面」（on-being）。這裡的意思是指一個存在者在其單純的存在中所具有的基本的自我肯定。本體論就是指

對存在的性質作哲學分析。田立克把愛規定爲疏遠化的存在的重新統一，力量是促使重新統一的存在力量，正義是存在的形式。愛、力量和正義都是關涉到人類存在的現實和命運的根本概念，它們也都在關於存在的本體論意義上統一起來。

在田立克的思想中，無條件的正義之愛是內含於宗教之中的。宗教的基本指向是存在和意義的終極。他說：「愛、力量和正義的本體論特徵一旦建立起來，它們的神學特徵也就呈現出來。因爲本體論和神學的問題有一個共同點：它們都解決存在之爲存在的問題。關於上帝的首要論斷是：他是存在本身。」[11]正義的愛和愛的力量都展示了人類生存中向終極關懷努力的方面，愛、力量和正義的宗教性保證了人類向善的無條件性。田立克分析說，在日常生活中，人們經常使用命令句。但是，命令句中的大多數是有條件的。比如說，「如果要趕上飛機的話，你現在就應該離開。」然而，這個人可能更喜歡留下來，那怕是誤了飛機。這是有條件的命令句。假如趕飛機成了一件關係到人的安危生死的事情，這句

話立即會轉化爲無條件的命令句。因爲延誤飛機
將會成爲反對愛、力量和正義的行動。由此看
來，無論什麼樣的想法和事情，只要它涉及到人
的生存問題，就會進入終極關懷的領域，因而也
必然地具有了宗教性。

　　田立克不僅論述了愛、力量和正義的關係是
一個對立統一的存在，而且以各種悖論來揭示人
類深層意義中的矛盾性。在他看來，正義的愛就
是一個悖論。愛是無條件的命令，又是打破一切
命令的力量；愛既高於律法，同時又是一種律
法。愛是至上的，它自己規定自己，同時，愛又
滲透於一切具體情況中，並在每一個特定的事件
中表現出來。

二、愛與恩典

　　自近代以來，世俗文化強調的是社會制度和
道德法規的作用。宗教內部的世俗性日益增強。

上帝愛的恩典的信息已經逐漸消失了。爲了說明愛的恩典的性質、地位及其作用，田立克從歷史上分析了愛的恩典的由來和重要。在宗教史上，猶太教既有關於宗教禮儀的律法，又有許多十分煩瑣的道德規定。他們遵守這些規則不是出於自身的德性需要，而是消極的被動屈從。這種律法存在著只注重外表而忽視內心的缺陷。例如，法利賽人以律法上有「不可姦淫」的條文，爲避免色欲，就特製了一種特型的帽子。前方帽沿能擋住雙眼看前方，以便不見色起欲。結果常常因此而走錯路，並衝撞行人。這是多麽迂腐的行爲。他們只知道消極地遵守，不知道要有內心的認同。有一位法官問耶穌：「善良的老師，我要做什麼才可以得到永生？」耶穌回答他說：「爲什麼說我善良，除神一位以外，無一善良者。你曉得這些誡命：不可姦淫，不可殺人，不可偷盜，不可作假見證，當孝敬父母。」他說：「這一切誡命，我從小都已遵守了。」耶穌聽了他的話，又對他說：「你還缺少一件：去變賣你所有的一切，佈施這些銀錢給貧窮人，你將有財寶在天

上，你還要來跟隨我。」但他一聽見這話，就面露憂愁，因爲他是最大的富人。[12]這法官從小就知法守法。按法律講，他不能不算善良。可是，外在的律法，強制性的被動服從，將他的精神弄得支離破碎。

對於我們大多數人來說，沒有什麼字眼比「罪」和「恩典」更使人明白和陌生。它們之所以讓我們明白，是因爲我們都曾有過對於「罪」和「恩典」的意識和體驗；它們之所以讓我們陌生，是因爲許多年來它們被加入種種錯誤的內涵，已經大大失去了真正的力量。田立克說，這種情況使我們不得不鄭重地自問：我們是否還應該使用它們，或是否應該把它們當作無用的工具丟棄。「但是，宗教傳統中凡偉大的言詞都有一個神秘之處：它們不可更換。……『罪』、『恩典』這些字眼是不可更換的。但其意義可以用某種方法重新發掘。這方法與帶領我們進入存在深處的方法相同。」[13]

田立克用來作爲理解「罪」的一個詞是「分離」或「疏遠」。「分離」或「疏遠」是每個人都

有的一種體驗。從詞源學來考察,「罪」字(sin)
與「散」字(asunder)同出於一個詞根。因此,
他認為,罪就是分離。在罪的狀態中就是在分離
或疏遠化的狀態中。而「恩典」就是生命與生命、
自身與自身的重新結合、重新和解。「恩典」是對
被擯棄的事物的接受。「恩典」把已經分離和疏遠
化的命運變成充滿意義的使命,將罪疚變成信心
和勇氣。罪與恩典相互關聯。除非我們體驗過生
命的分離,即罪,我們不能瞭解恩典的意義。反
之,除非我們經歷過生命的統一,即恩典,我們
不會有罪的知識。

羅說:「只是罪在那裡顯多,恩典就顯多
了。」[14]在恩典的啟示下,我們覺察到了上帝在我
們與自身關係中的力量,我們感受到自己接受了
自己,因為我們感受到自己被更偉大的所接受。
這種接受不是在美感與自大之中的接受,而是在
確定生命永恆意義中的接受。

在愛和恩典學說中,田立克深刻地研究了
「不可接受的接受」這一神學命題。從歷史上看,
不可接受的人就是罪人。它特指社會上無權無勢

的窮人、卑賤者和被遺棄者。從理論上講，不可
接受的人是指人的謙卑。生存在疏遠化狀態困境
中的人都會感到自己是有罪的。人的有罪感是透
過基督的存在被喚醒的。彼得第一次遇到基督
後，就產生了強烈的有罪感。當基督治癒病人
時，他常常在他們臉上看到一個陰影。這個陰影
告訴他，人們不僅需要肉體上的治療，更需要精
神上的仁慈和寬恕。有罪感不是一種「不健康」
的情感，而是真正意識到上帝後產生的必然結
果。那些自以為自己是自然和社會的主宰的人，
那些正處在對自我、權力和金錢的偶像崇拜中的
人，不會有「疏遠化」的失落和苦澀，因而不會
對上帝抱以絲毫的虔敬信仰，因此，他們也永遠
得不到愛的恩典。田立克說：人的拯救，不取決
於任何道德的、知識的或宗教的先決條件。並不
是善者、智者、虔誠者才有資格去接受自己的
「被接受」，而是那些不具備這些素質而且知道自
己的不可接受性的人才有這種資格。「不可接受
的接受」是一個寓意極為深刻的神學悖論。這個
悖論對於那些希望反思自身的罪責、渴求獲得新

人的關係上,「道德就是在人與他人的人格相遇時成立其人格」[17]在社會團體中,是指生命在團體中建立其人格。何謂人格?人格在古希臘的用詞是"prosopon"。它首先是指個體的特徵,其次也指舞臺上的演員所具有的普遍象徵的特點。田立克認為,人格比個人的涵意更多,是普遍人性水平上的個體性。人格賦予人以理性、自由、責任的普遍屬性。人格是人的生命價值的自我認定,是人的本質所在。人格也是對他人生命價值的肯定和尊重。

　　田立克倫理道德觀的一個重要特點是聖愛論,即主張以"agape"的愛來反對道德律法主義。他批評墨守成規地使用《舊約》思想的理論為「律法主義」。他認為,在人類單純的潛在性中,是不存在律法的。因為那時的人在本質上是和他的存在以及他的世界相統一的。《舊約》中強調的自然法則,原來就隱含於人類本性之中。上帝在造人時,就把這種法則給予人類。只是在後來,人由於自身墮落而失去了天然的本性,也不再遵循上帝賦予的自然法。摩西和耶穌才重申了這個

法則。但是，單靠律法行為，可能會導致兩個結果：一個是人們採取對於律法的自我欺騙的態度，即認為僅僅依靠律法，人就可以同他的本質存在再統一。另一個是將人驅入對於律法的反抗。因為，就律法的本質來講，它是與人的感性欲望以及個人虛榮的滿足相對立的。這兩種結果也可以用「自欺」和「絕望」來形容。就是說，律法主義或者導致一種自滿：我已履行了所有律令；或者導致一種絕望：任何律令我都不能履行。

　　田立克著重分析了道德與宗教的關係。他指出，既然自我是在它的現實所是與應當所是之間的分裂中發現自身的，那麼，道德中的自我人格就是被「罪」的意識所發現的。沒有「罪」的意識，就不會有完善、責任、拯救等意識，也不會有道德良心的自我意識。良心的基本特徵就是「罪」的意識。在莎士比亞戲劇《理查三世》第五幕，第三場裡，關於個人的良心、罪和自我意識之間的關係，有這麼一段十分經典的表述，理查王在夢中獨自驚醒後，說：「饒恕我，耶穌！……呵！良心是個懦夫，你驚擾得我好苦！……怎

麼！我難道會怕我自己嗎？旁邊並無別人哪：理
查愛理查；那就是說，我就是我。這兒有兇手在
嗎？沒有。有！我就是；那就逃命吧。怎麼！逃
避我自己的手嗎？大有道理，否則我要對自己報
復。怎麼！自己報復自己嗎？呀！我愛我自己。
有什麼可愛的？為了我自己我曾經做過什麼好事
嗎？呵！沒有。呀！我其實恨我自己，因為我自
己犯下了可恨的罪行。我是個罪犯。不對，我在
亂說了；我不是個罪犯。蠢東西，你自己還該講
自己好呀；蠢才，不要自以為是啦！我這顆良心
伸出了千萬條舌頭，每條舌頭提出了不同的申
訴，每一申訴都指控我是個罪犯。……我只有絕
望了。天下無人愛憐我了；我即便死去，也沒有
一個人會來同情我；當然，我自己都找不出一點值
得我自己憐惜的東西，何況旁人呢？」[18] 從良心
與自我的人格意識關係來說，良心是個倫理學的
概念；從良心與自我的罪孽意識來說，它又具有
宗教學的含義。田立克認為，道德良心的問題，
只有藉由超道德的方式來回答。寬恕、接受、律
法的實現，都來自高於法律的東西──宗教。

　　田立克認為，人類的道德行為是沒有進步
的。每個人為了要成為一個人格，必定要做自己
的道德判斷。這種道德的判斷在有自我意識的任
何個人身上，都是作為精神層次出現的絕對的先
決條件。「關於道德功能的進步有兩種，它們是
倫理的內涵的進步與教育的平面的進步。兩者都
屬於文化的創造，而向新存在的展開。」[19] 道德
行為的倫理的內涵，是從原始文化進展到成熟的
文化。進步的只是道德行為中的文化因素，而不
是道德行為本身。因為，那人格在其中被創造的
道德行為，無論什麼樣的內容被實現，都是一樣
的。同樣，道德教育屬於文化的要素，而不屬於
道德行為本身。這樣的教育或者是由他人所施加
的，或者是由於自我教育的結果。無論那一種，
教育是由反覆、練習及其結果的習慣所構成的。
而這就是進步。但是，實際的道德狀況要求在成
熟的每一平面和在倫理感受的各種程度中的自由
的決斷。而且，人格被肯定為人格，是依靠這些
決斷的。因此，田立克的結論是：在個人的自由
是決定的地方，是沒有進步的存在的。

註 釋

[1] Paul Tillich, *Love, Power and Justice. Oxford University Press*. 1960. p.37.

[2] 同註 1，第 26 頁。

[3] 同註 1，第 116 頁。

[4] 同註 3。

[5] Paul Tillich, Morality and Beyond. Harperand Row Publishers. 1963. p.39.

[6] 同註 5，第 94-95 頁。

[7] 田立克，《政治期望》，貴州人民出版社，1992，第 155 頁。

[8] 同註 1，第 2 頁。

[9] 田立克，《文化神學》，工人出版社，1988，第 188 頁。

[10] 同註 1，第 107 頁。

[11] 同註 1，第 116 頁。

[12] 《聖經·路加福音》，18：18-23。

[13] Paul Tillich, *The Shaking of the Foundations.* Charles Scribner's Sons. 1948. p.153-154.

[14] 《聖經·羅馬書》，5：20。

[15] Paul Tillich, *Systematic Theology.* Volume 3. The University of Chicago Press. 1963. p.44.

[16] 同註 15，第 38 頁。

[17] 同註 15，第 95 頁。

[18]《莎士比亞全集》，方重譯，人民文學出版社，
　　　1994，第12頁。
[19] 同註15，第45頁。

第六章
上帝國的社會歷史觀

一、歷史秩序與神的秩序

田立克在《根基的動搖》一書中引用了聖經《耶利米書》和《以賽亞書》裡的幾段話作為開始：

> 我觀看地，不料，地是空虛混沌；我觀看天，天也無光。我觀看大山，不料，盡在震動，小山也都搖來搖去。[1]

> 躲避恐懼聲音的必墜入陷坑；從陷坑上來的必被網羅纏住；因為天上的窗戶都開了，地的根基也震動了。地全然破壞，盡都崩裂，大大地震動了。地要東倒西歪，好像醉酒的人；又搖來搖去，好像吊床。罪過在其上沉重，必然塌陷，不能復起。[2]

先知的話，都像是重錘的敲擊。上帝藉由這些方式啟示我們：根基正在動搖。「地要碎裂」。已不僅是詩人的比喻，而且是我們面前嚴酷的現實。

　　那麼，究竟是什麼造成了這樣的狀況呢？

　　田立克認為，首先是人的盲目自大。近代以來逐漸形成的「人類中心主義」使人相信自己已經無所不能。人自稱自己可以像神一樣改天換地。……當人滿足於依賴自己的文化創造、技術進步、政治體制和宗教體系時，他就陷入了解體、混亂之中。但是人終究不是上帝。無論何時，人若自稱與上帝無異，就是正在遭受責罰，正在自毀自絕。

　　其次，造成大地震動的是科學主義。科學所形成的盲目信奉不僅造成了根基的動搖，而且使我們根本看不見這種動搖。「讓人類掌握毀滅自己、毀滅世界的力量，這便是科學最大的成功。……科學曾蒙蔽我們的雙眼，將我們投入無知的深淵，使我們知覺不到真正重要的那幾樣東西。」[3]

　　田立克認為，神學能告訴我們，我們不僅要看到歷史的本來面目，而且要超越歷史，看到存在的終極動力、意義和尊嚴。人類社會的存在可以分為兩種秩序：一種是人類的、政治的、歷史

的秩序，另一種是神明的、永恆的秩序。我們的
整個生命和歷史的每時每刻都有同屬於這兩種秩
序。

下面我們用對比的方法論述田立克關於兩種
秩序的主要觀點：

首先，人類的秩序作爲歷史的秩序，是一個
被生死主宰的秩序。一代又一代的人生長、奮
鬥、受苦、享樂，然後死亡與消失。人被衰敗消
亡的現象喚起的憂鬱，正是人的短暫性的象徵。
然而，在這邊緣上，另一個秩序出現了：上帝的
道是永恆的。

其次，歷史的秩序是一個罪與罰的秩序。我
們不喜歡「罪」、「罰」這樣的字眼。因爲按照現
代心理學的觀點，它們似乎陳舊原始、毫無意
義。但是，我們會碰到一些具有責任感和負疚感
的人，他們覺得正在承受失敗的後果。我們或者
可以把其稱爲罪孽與懲罰。然而，在這邊緣上出
現了另一個秩序。這個秩序告訴我們：奮鬥不會
落空，罪過將獲寬恕。

再次，歷史秩序是有限性和罪孽的結合。這

是控制歷史進程，注定人類的偉業必敗的悲劇性
法則。歷史上並不乏創造性人才，不乏人的偉
業，甚至不乏有著一定正義感的民族和國家。但
是，人類正是由於具備了這些偉大的品性、強大
的力量和正義的感覺而觸及了神的境界，所以目
空一切起來。而目空一切又導致人類的渺小。他
們沒有根底，終將枯萎。神的風暴吹到他們頭
上，他們就會消失。這就是希臘悲劇的主題。但
是，這時另一個秩序即神的秩序也在邊緣上浮
現：神賜軟弱者以力量，使他們恢復氣力，如雄
鷹振翅飛翔。

　　這時，人們或許會有一個問題：神的秩序怎
麼樣與人們生活於其中的歷史的秩序發生關係
呢？田立克指出了答案：神的秩序不是人的秩
序，人們不要混淆這兩種秩序；作為人類，人們
還可以從屬於另一個秩序。人能超越歷史秩序中
的一切，超越自身世界的各種極限，而一切其它
造物卻不能。人還能分有某種永恆的東西，參與
那不是短暫、沒有自毀性、非悲劇性而卻是永恆
不朽、神聖有福的秩序；雖然，歷史的秩序和永

恆的秩序永遠不可合而為一，卻是相互包含的。
歷史的秩序不能與永恆的秩序分離。

二、歷史與時間

　　時間的觀點也是田立克思考人類歷史問題的
另一個出發點。他不是從純粹時間的理論方面，
而主要是從時間與生命存在、從時間、空間與人
類歷史的聯繫方面思索著時間的奧秘。

　　奧古斯丁最早指出了時間的深奧之處：「那
麼時間究竟是什麼？沒有人問我，我倒清楚，有
人問我，我想說明，便茫然不解了。」[4]《聖經·
詩篇》第90篇的作者寫下了「我們的生命短暫如
夢。我們像早晨發芽生長的草，晨間生長茂盛，
夜間凋萎枯乾。生命轉瞬即逝，我們都要成為過
去。」這是人生有限性的傷感迫使他發現了上帝
的永恆和人生的短暫之間的矛盾，吐出了這些不
朽的字句。

　　時間如同生命本身的根基一樣，不可窮盡。甚至最偉大的思想家也只能發現它的某一面。但是，每個人，甚至是頭腦最簡單的人，都瞭解時間的含義。這含義便是他自身的短暫性。我們每個人的生命，生命的每一刻，每個體驗，每個表達，都滲透了時間的奧秘。田立克指出了時間的許多奧秘中的三個主要奧秘：

　　第一，時間有力量在它的領域裡吞沒一切。在時間的流逝中，人類一直意識到某種可怕的東西。這東西是我們無法解開的謎。我們不能再次擁有過去，我們只在記憶中擁有過去；我們不能擁有未來，我們只在預感中擁有未來。我們真正擁有的是現在。而這個「現在」又在我們試圖抓住它的那一瞬間消失。當我們對自己說「這是現在」的時候，現在已經成為過去，那一剎那已被過去吞沒。我們永遠抓不住它，它總在消遁。因此，我們似乎沒有什麼現實的東西──既沒有過去，也沒有將來，甚至沒有現在。我們的存在像夢幻一樣飄飄忽忽。

　　第二，時間有力量在它的自身中包容永恆。

時間如果不是有著包容永恆的力量，它就會連一個立足之地都不給我們。在時間之泉中沒有現在，然而，在我們的經驗中，卻證明現在是存在的。它存在，因永恆穿入時間，給予時間一個真正的現在。當詩篇作者目睹千年如一日的上帝，他其實看到的是永恆。唯有永恆給予人一個立足之地，一個擁有永恆現實與永恆意義的「現在」。

第三，時間有力量衝向新創造的終極。時間的這個奧秘促使我們看到未來，因為時光不倒流，它永遠向前，永遠獨一無二，永遠創新。時間奔向那「未來的永恆」。時間之謎的謎底就是永恆。時間並不是無意義的。它潛在的含意就是得救；它潛在的目標就是上帝之國；它帶來的潛在現實就是新創造。時間是我們的絕望、時間是我們的命運、時間是我們的希望。

對於歷史中的時間的認識，同樣充滿了悖論。這個悖論最早也是由奧古斯丁關於時間的悖論開始的。在他討論什麼是時間的時候，提出了這樣一個問題：我們如何知道和掌握時間？他的回答是：「時間在通過之時，我們能覺察度量。」

[5]任何時間都是可以度量的，但是過去的東西已不再存在，將來的東西尚未存在。「說時間分過去、現在和將來是不確當的。或許說：時間分過去的現在、現在的現在和將來的現在三類，比較確當。」[6]因為這三者都存在於靈魂之中，否則我並不認為它們存在。過去事物的現在是回憶，現在事物的現在是直接感覺，將來事物的現在是期望。我們透過感覺來度量時間，只能趁時間在目前與現在經過之時加以度量。

　　在田立克看來，談到歷史中的時間與空間概念，必然涉及到不同的存在與時空的關係，以及歷史中的時空和物理學中所講的時空的關係。從不同的存在與時空的關係來講，「某一領域越是在無機層次的程度上，它就越是在空間的支配下；相反，某一領域越是在歷史層次的優勢下，它也就越在時間的支配之中。」[7]歷史中的時間與空間和物理上所說的時間與空間是完全不同的。時間是個獨立概念，又是個關係概念。「我們可把那在一切層次下，使時間成為時間者定義為『相互接續』要素。所謂時間性者就是在各形體中

相互接續於他者。」[8]歷史中的時間裡的決定性因
素是創造。創造的時間不是被其所產生的物理的
時間所決定,而是被它們所用又由它們變形的創
造的內涵來決定。空間是一個在位置上「相互鄰
接」的概念。歷史中的空間與物理上的空間也是
不同的。這種不同主要是在於這兩種空間與時間
的關係是不一樣的。在被無機者的層次決定的諸
界域內,空間是一個幾乎無限制地成了支配性的
範疇。雖然,無機的東西也在時間中活動,它們
的運動變化也可用時間的尺度來計量,但是,這
種計量與空間幾乎沒有什麼關係。物理對象的空
間的堅固性,表現在它們為了確保自身的不可滲
透的特定場所的努力。物理的空間與時間存在都
是「存在者」的存在。「所謂『存在者』的意思,
是要在其他一切存在的場所中擁有場所,而要阻
止會導致喪失場所的其他任何存在的威脅。」[9]它
們具有絕對的排他性。而在歷史中,人類的活動
空間與時間是密切相關的。人類的空間與時間的
存在也或多或少有著排他的性質,但這種排他
性,總是會被參與的要素所打破。在人類的生命

中，當自覺的層次出現時，時間的在現在裡的過
去和未來，都有被經驗當作記憶和預想。時間中
的各種因素不但是事實，而且也被知覺為事實。
人的生活的時間是被經驗的時間。在參與的意義
上，包含有被記憶的過去和被預想的未來。由於
參與中的互相接續性存在著，所以無論在事實上
和在意識上，它的排他性是被打破了。在自覺的
層次上，空間性與時間性是相互關聯的。

　　田立克分析說，物理中的時間與空間的關係
是空間高於時間。歷史中的時間與空間的關係是
時間高於空間。歷史中的這種時間的重要性主要
表現在以下幾個方面。

　　首先，歷史中時間的特徵具有一直向前的不
可回溯性。雖然時間的某一特殊瞬間的某種性質
是可以反覆的。但這也只是從時間的整個狀態裡
抽象出來的一種性質而已。即使是這種抽象出來
的要素，也只是有近似性，而不是同一性。時間
甚至連在反覆中，也是向著新者、獨自者前進。
前後連續性是不可能逆轉的。

　　其次，歷史的時間持有它的目標。由於它本

身的特性，它與精神的時間、創造的時間相結合，作爲朝向某種目標前進的時間而出現。所有的創造性行爲都是有目標的。它的時間是在創造的意圖和被帶入實存的創造之中間的時間。在田立克看來，時間的開始與終結，在本質上，又是在每一瞬間。這就是屬於歷史的時間的特性。正因爲有上述歷史的時間特性，所以歷史中的時間意識要明顯地高於空間意識。也正由於此，存在主義哲學家們大多反對將人的存在當做「存在者」，而竭力強調人是時間中的存在。這種存在只是「存在」，而不是存在者。

　　田立克將歷史與時間和空間的不同關係的認識，看成是兩種不同的歷史的思維方式。在他看來，人的處境，是指人對所謂範疇的服從。這些範疇就是我們進行觀察和思維的形式。時間和空間範疇時時刻刻對人起著決定性的作用，因而總是處於哲學思考的中心。空間高於時間的思維方式就是非歷史的思維方式。它的第一種表現形式是印度和歐洲古典的神秘主義。在這種神秘主義那裡，真實的存在是與時間流動相脫離的事物。

一種哲學如果討論「基礎」和「深淵」，那它僅就此就可被看作是由空間——不是現實的空間、不是我們的空間、而是空間性的事物——提供最高象徵的哲學。這是神秘主義的象徵。在神秘主義看來，歷史沒有任何意義。另一種非歷史思維的形式是自然主義。它把人在自然中觀察到的永恆的復歸（循環）當成否定歷史一切意義的基礎。這種循環是一種空間的象徵。與時間不同，它不是向前而是倒退到自身。第三種非歷史思維的形式是存在主義。在存在主義中既沒有一個圓圈，也沒有一條向前運動的直線，而只有一個點。這個點就是存在主義者所謂的自由。但是，由於處在絕對孤獨狀態的人面對著自己的死亡，由於他被拋回到自身，從自身又把他的一個點擴大爲一個有限的圓圈，擴大爲他的整體，並且固守於這一經驗，因而他與歷史沒有任何本質上的聯繫。在歷史的思維中，時間必須戰勝空間。歷史性的時間是向前運動——不可避免、不可逆轉、不可重複——的時間，它的運動方向就是新的事物。

　　從上述討論中，我們可以感受到一位存在主

義神學家特有的思想深度。從對「存在」一詞的
理解而言，田立克站在當代存在主義大師海德
格、雅斯貝爾斯同樣的理論高度，人的存在就是
歷史中的存在、時間中的存在。存在與歷史、時
間須臾不可分割。從神學角度來講，田立克不是
一個單單會講聖經故事的牧師，而是一個宗教神
學家。他的思考帶有極強的哲學思辯意味。他所
關注的是神學對於歷史理解中的普遍性問題。因
爲在西方，正是基督教神學第一次把一種人對時
間和歷史的新態度帶入精神世界。由於要解決世
界的「創世」問題，神學家們不得不去回答與上
帝和人類有關的「時間」問題，亦即歷史的起源
問題。基督教思想家中最深刻表達人的存在密切
相關的時間意識的是奧古斯丁。在他那裡，時間
就是人對包含了過去和未來的「現在」的意識。
無論從「創世論」還是從「末世論」的思想來
看，基督教本身以一個「時間中的」一次性歷史
事件爲基礎，根據對於過去、現在和未來的理解
來把握自己的歷史，從而開啓了西方人以後據此
分析歷史、體驗生活的歷史觀。

三、歷史的主觀性與客觀性

　　歷史的客觀性和主觀性的存在與表達都具有某些悖論的意味。這種悖論由下面三個似乎矛盾的方面構成：(1)人類自己創造了歷史，因而歷史中的一切似乎都是由人的理性和自由意志所操縱的，但歷史又在任何人的控制之外；(2)人存在於歷史之中，人的一切創造都受歷史條件的制約，卻又總想跳出歷史來預測歷史、掌握歷史；(3)歷史是以一定時空中的「事實」為根據而客觀存在的，但它又必須經由人的主觀思想與語言將其表達出來，人的思想的主觀性在這個表達中是或多或少存在的。即使某人宣稱他的歷史觀是純粹客觀的，那也只是他主觀認定的企圖逃避主觀性的「客觀」。

　　歷史是人的本質特徵。歷史既可指一般人所認為的「過去發生的事」，也可以指對於這些過

去發生的事情的反思。田立克在論述歷史的性質
時，指出：人類歷史是客觀的要素和主觀的要素
的結合。歷史的「事件」是事實與解釋的統一。
他清楚地區分了歷史的客觀性質和主觀性質。歷
史的客觀性質是指歷史的事實層面。他說，沒有
事實的發生就沒有歷史。個別的真實事件正是歷
史所要研究的課題。在這裡，田立克強調的是，
歷史的對象必須是非常真實的事件。它們必須在
過去的某一時間和空間中存在。這種客觀性是不
能忽視的。人們從常識和經驗意義上也比較容易
接受。歷史的主觀性質是指歷史的意識和價值方
面。在他看來，沒有由有歷史意識主導的關於事
實發生的瞭解和解釋，也就沒有歷史。顯然，田
立克更重視歷史的主觀方面。

　　首先，田立克從歷史這個詞的希臘詞源的探
索開始，他說，語義學的考察可以幫助我們發現
歷史的特殊性質。希臘語的（historia）首要意義
是指探索、消息、報告，而只在次要意義才指那
被尋求和被報告的事件，這是眾所周知的成為問
題焦點的事實。這事實顯示出：對最初使用「歷

史」這個詞的人們來說，其主觀的方面先行於客
觀的方面。按照這個見解，歷史的意識「先行於」
歷史的事件。從邏輯與時間的發生次序的不同方
面，人們也許可以得出歷史的主觀性質和客觀性
質誰先誰後的不同見解。田立克是在邏輯的意義
上肯定歷史的主觀性質的先在性的。在他看來，
是意識把單純的事件變成歷史的事件。在這意義
裡，主觀的意識「先行於」客觀的歷史事件。主
觀意識首先表現爲選擇。在歷史的每一瞬間，每
一空間，都發生著無法盡數的事件。因此，選擇
應被確立爲歷史事實的事件，是最重要的。歷史
對於對象的選擇，有賴於對在歷史中生活的人們
的生命和價值的重要性的評價。正是在這一點
上，歷史依存於歷史的意識。

　　其次，田立克認爲，歷史之所以爲歷史，在
於我們不可避免地生活在傳統的影響下，並且，
我們總是因循著傳統來解釋歷史。他說，歷史的
意識表現它本身於傳統裡，就是在一代一代傳承
下去的一連串的記憶中。傳統不是被記憶的事件
的偶然性的匯集，而是對傳統的承擔者和其繼承

的具有重要性的事件的回憶。某事件對一個持有
傳統意識的團體的重要性，將決定事件可否被考
慮作爲歷史事件。歷史並不報告「赤裸裸的事
實」。「赤裸裸的事實」這個概念本身就是可疑
的。傳統經由將事實象徵地變遷，而向人們傳達
重要的事件。

再次，在田立克看來，歷史之所以重要，是
因爲歷史總是「超越事實」地向人們表明一種意
義和價值。歷史的重要，不僅在於它能夠向我們
表明一般存在的意義是什麼？而且它還深切地影
響到我們的終極關懷。雖然歷史事件是獨特的和
個別的，但是這個個別的獨特的歷史事件構成了
歷史過程全體的部分。任何一個獨立的歷史事
件，雖然只是代表著朝向最終目標進展的歷史運
動的一瞬間，但它們總是朝向決定性的方向前
進。歷史事件的被接受，是由人們對其重要性的
評價所決定的。用田立克常用的象徵觀點來看，
他也認爲，歷史的記錄在人們最初的接受中，部
分地依從於這個歷史事件的象徵性要素。

田立克在肯定人類歷史的雙重性質時，不僅

指出了歷史的主觀性質更爲重要，而且具體分析
了人類歷史主觀性的內容。第一，人類歷史中的
目的性內容在歷史的主觀精神層次方面，有著志
向性和目的性的品格。沒有任何目的和志向的過
程，就不能納入歷史的範疇。雖然既定的自然諸
條件或制度都是歷史的各種要素，但它們都不能
成爲決定性的東西。只有那具有目的的行動才能
使一個事件成爲歷史的事件。

　　第二，人類歷史中的自由性內容。人超越了
所賦予的狀態，捨棄現實性的，而朝向那可能性
的未來。人處在其中，不被束縛於「發現他本身」
的狀態，而這個人超越正是最初的基礎性的自由
的性質。當然，歷史，只是部分的狀況是由人的
自由來決定的。按照自由和命運的兩極性，這種
自我超越不是絕對的。它來自過去和現在的諸要
素的總體。

　　第三，人類歷史中的新生性內容，即歷史中
不斷產生的新生事物。儘管過去和未來的事件有
著抽象的類似性，但是所有的具體的事件都是獨
特的。在其全體中並無可以類比的。歷史中的新

者，從本質上講，都與意義和價值相關。人類歷史中的新者的創造，是在具有中心性的人格裡的價值的新實現的創造。

第四，歷史中的獨特性內容。這個主觀性內容與第三個內容密切相連。他說，只有獨自的事件，在歷史中才有重要性。要表現某個事件的意思，是要指出超越自己而表現著的某事，是意指要「有所表現」。歷史人物之所以爲歷史的，是因爲他代表了更大的事件。而那更大的事件代表了人類的狀態，人類的狀態代表了存在自身的意義。當人物、團體、事件、狀態在其本身表現著比那在生成的普遍過程中徘徊遷移的事件更多的時候，它們便是重要的。

人類歷史的這四個內容使我們明白一般自然史和人類史的區別。即使以其他高等動物的生命的物種進化爲例，我們首先看到的是，它們沒有一個是在有目的和自由的活動著的，它們不超越直接需要的滿足，不超越它們的向自然的絕對從屬。任何高等動物都不存在我們所說的精神層面，而沒有精神，就沒有具有意義的獨特性存

在，也沒有絕對的意義存在。意義是由人來體驗
和理解的。動物中或其他存在中都可能有個別或
特例的存在，但它並不重要的。然而，一個人的
人格建立他本身作為一個人格的行為，卻是無限
重要的；一個人進行文化的創造，或在終極的意
義突破了非終極意義的宗教體驗，是無限重要
的。在人類精神的層次上，生命能夠體驗終極
性，也能產生那終極性者的表現和象徵。

四、神學「烏托邦」的理想觀

何為烏托邦？烏托邦是否只是「夢中的故
園」、想像的天堂？人類關於烏托邦的種種理想
是不是一種有價值的社會期盼與嚮往，抑或只是
一種虛無縹緲毫無用處的幻想呢？這是一個眾說
紛紜的問題。田立克的烏托邦學說是他的社會歷
史觀的一個極其重要的內容。這不僅因為田立克
具有從「神聖」境界批判現實社會的神學政治眼

光，而且由於他擁有面向全人類的現在和未來的
「終極關懷」的宗教哲學情懷。他從人類精神的需
要和社會進步的要求考察了烏托邦的思想內涵，
竭力發掘這個內涵中對人類社會的改造和人的思
想境界的提高具有教育和啓示意義的東西，並且
也提出了自己關於社會烏托邦的一些見解。

　　從詞源學的考察來看，英語烏托邦一詞來源
於希臘語"ou"（無）和"topos"(場)所這兩個詞，
意即「烏有之鄉」，它表明的是一種無場所的存
在。對於人們來說，烏托邦意味著人的一種嚮往
與企盼，即使它從未有過且今後也不會有一個現
實的存在，即使人們走到海角天涯也不可能找到
它。也正因爲如此，人們更加注重烏托邦精神中
的那種超越現實、脫離世俗羈絆的理想性，烏托
邦就成了一種理想，一種對於進步的不懈追求的
目標的代名詞。「烏托邦」一詞的廣泛流傳得益於
托馬斯・莫爾的《烏托邦》一書。該書既是具有劃
時代意義的早期社會主義的偉大著作，又是「空
想」的代名詞。因爲在此書發表以後，凡是一切
不能實現的社會願望和計畫都被稱作「烏托邦」。

事實上，烏托邦這個詞是褒貶兼有的一個名詞。
而現在它的貶意超過了褒意。田立克在討論到歷
史中的烏托邦主義時說：「按照字義解釋，烏托
邦主義就是偶像崇拜。它給予終極性的性質以第
二個意義上的東西，這樣一來，就將有限者（例
如將來的歷史情況）當作無限者，又同時忽視那
在生命和歷史中經常存在的疏遠性和朦朧性。」[7]
田立克給自己提出的問題是：「什麼是烏托邦意
識的內容？有沒有烏托邦意識的確定的形式、特
定的內容和獨特的類型？」他的回答是：「烏托邦
並不等同於無價值的幻想。烏托邦的形式和它們
的歷史意義應當得到肯定的論述。」在他看來，
雖然，大多數人在聽到和用到「烏托邦」這一名詞
時，都會產生這樣的想法：用烏托邦來形容某件
事物，那就意味著該事物毫無意義。「烏托邦」被
認為是從未實現的事物的一種虛幻的表現。但
是，可以相信，也可以證明，烏托邦在人的存在
中有一個基礎。這個人的存在包括兩個方面，一
個方面是作為人的人，另一個方面是作為歷史存
在的人。

　　田立克從宗教社會主義的角度，認真地評價
了烏托邦思想的積極意義與消極意義。他所強調
的烏托邦的第一個積極特徵是它的真實性。因爲
烏托邦表現了人的本質與人類生存的真實的深層
目的。它顯示了人本質上所是的那種東西。每一
個烏托邦都表現了人作爲深層目的所具有的一切
和作爲一個人爲了自己的將來的實現而必須具有
的一切。在這裡，個人和社會的烏托邦理想是統
一的。「如果社會烏托邦並沒有同時實現個人，
那它就失去了其真理性；同樣，個人的烏托邦如
果不能同時爲社會帶來實現，它也失去了其真實
性。」[8]烏托邦的第二個積極特徵是它的有效性。
田立克是從理想的預示作用和現在的關係來談這
種有效性的。在他看來，每一個烏托邦都是對人
類實現的預示。如果沒有預示未來的烏托邦展現
的可能性，人們只能看到一個沒有理想的頹廢的
現在，就會發現不僅在個人那裡而且在整個文化
之中，人類可能性的自我實現都受到了窒息。沒
有烏托邦的人總是沉淪於現在之中；沒有烏托邦
的文化總是被束縛於現在之中，並且會迅速地倒

退到過去之中，因為只有處於過去和未來的張力
之中才會充滿活力。而且，許多曾在烏托邦中被
預示的事物都已經被證明具有真正的可能性。田
立克所說的烏托邦的最後一個積極特徵是烏托邦
的力量，即它能夠改造已有的事物。他用人類歷
史上幾次大的具有理想的運動來說明這個問題。
在古老的過去，猶太教或許就是人類歷史上最重
要的烏托邦運動。因為它直接或間接地把整個人
類提高到另一個生存領域。這個生存領域的基
礎，就是它關於那未來的上帝統治的烏托邦。資
產階級社會以它的關於理性國家的烏托邦，直接
或間接地使地球上最遙遠的角落都發生了革命性
的變革。它使一切前資產階級的生存形式都成了
問題，並最終使它們完全不可能再存在下去。在
上述的這些事例中，我們都有碰到了烏托邦這個
因為沒有場所而沒有在場的事物。但是這個在任
何地方都有找不到的烏托邦已經證明自身具有高
於已有事物的最大力量。田立克還特別分析了烏
托邦力量的根源：精神的與物質上的根源。從精
神上講，這個力量的根源在於人在自己存在的一

實性、有效性以及它的力量，他提出了烏托邦的
不真實性、無效性和烏托邦的軟弱。烏托邦的不
真實性是指它忘記了人的有限性和異化，忘記了
人作為有限是存在和非存在的統一。在生存的條
件下，人總是與他自己的真實存在相疏遠。由於
這一原因，處於非真實性中的烏托邦發現自己不
可能把握、因而也不可能真正依賴作為實在的人
的真實存在。這種不真實性還在於烏托邦關於人
的形象的虛假性。烏托邦在這個不真實的基礎上
構造了自己的思想和行動。烏托邦是自相矛盾
的，因為烏托邦的主題就是要使疏遠化的人脫離
疏遠化。但是，由誰來完成這一任務？是由疏遠
化的人自己人嗎？如果真是這樣，又如何克服疏
遠化呢？烏托邦的第二個消極特徵是它的無效
性。烏托邦的有效性是指它對可能性的發現，只
要進入無限的可能性領域，這一特徵就會顯現出
來。烏托邦的無效性是指它把不可能性描繪成實
在的可能性。這樣一來它就淪為一種純粹的願望
投射。田立克指出：正是由於這一原因，像馬克
思這樣的政治哲學家以及一些神學家正確地反對

在細節上描繪烏托邦，而讓烏托邦的內容取決於
當時已被顯示為沒有跨越現實的真正的可能性。
另一方面，它們也不同意把烏托邦描繪成虛幻的
樂園。因為虛幻的樂園無疑是那些反對一切活動
的懶漢、是那些已經與真正人性相疏離的人的烏
托邦。這類烏托邦的幻想性質的根源也就在此。
它們不符合實在的可能性，而是符合一種在幻想
中被誇大了的願望，想要尋求一種本身就需要被
克服的生存。烏托邦的第三個消極特徵是和烏托
邦的力量並存的烏托邦的軟弱性。軟弱性的原因
在於它的不真實性和無效性。這種軟弱性使烏托
邦不可避免地會導致幻滅。為了充分認識這種軟
弱性，我們必須把這種幻滅從心理學領域提高到
形而上學的領域。我們自己常常體驗到的正是這
種形而上學的幻滅。人們之所以能深刻地體驗到
這種幻滅，是因為它打擾了人內心最深處的存
在。如果把那些意義模糊的暫時性的事物和那些
意義明確的終極性的事物混淆起來。那就不可避
免要產生這種幻滅。我們是在向著未來生存和運
動的。我們又始終是在暫時性因而也是在模糊性

中生存的。如果把某種暫時的事物確立爲最終的
事物，那就會引起幻滅。田立克還分析這個問題
的另一方面：有些仍然肯定烏托邦目標的烏托邦
活動分子，他們在肯定烏托邦的同時，擁有無視
烏托邦的暫時性和模糊性而維持烏托邦的力量；
爲了堅持不去，他們必須防止幻滅，必須要使用
恐怖。恐怖就是現實化了的烏托邦的幻滅性質的
一個表現。透過恐怖手段，延緩了幻滅的政治影
響。但是由此，對烏托邦的信仰就轉變成了社會
中一種邪惡的力量。儘管烏托邦有著消極的力
量，但烏托邦的積極意義是始終存在的。要求以
一種方式超越這種消極性導致了烏托邦的超越
性。一切有生命的事物都趨向於越過自身、超越
自身。一旦它不再這樣做，一旦它爲了內部或外
部的安全而爲自身所束縛，一旦它不再尋求親身
經歷生命的試驗，它也就喪失了生命。生命只有
敢自我冒險、自我拼搏、自擔風險地盡可能超越
自身時，它才能贏得生命。

　　在田立克關於社會烏托邦的討論中，詳細論
證了四個重要的觀點。第一，要成爲人，就意味

著要有烏托邦，因爲烏托邦植根於人的存在本身；第二，要理解歷史，便要具有歷史意識和歷史活動，我們就必須要在開端處和終結處樹立烏托邦；第三，一切烏托邦都是否定之否定，否定人類存在中否定性的事物；第四，烏托邦的積極意義和消極意義以及烏托邦的超越性。而這正說明了烏托邦的思想與存在具有深刻的辯證性。

　　田立克所論述的烏托邦思想，反映了我們的現實生活與過去和未來的共生關係。所謂烏托邦思想就是對這些關係作了理論上的、向著未來的描述和詮註。人是極富想像和幻想的，人對自己可能的生活總是懷有更高的目標和期望。在人們暫時還看不到這種目標和期望的現實可能性的時候，一部分社會哲學家就會把人們的想像與期望系統化、知識化，從而孕育出了充滿想像力的社會烏托邦。這種烏托邦當然會超出了常規的個體經驗的一般思維。它是人類對於未來社會嚮往的集中體現。烏托邦是在人類社會生活發展的基礎上，以豐富的哲理想像表達了人類對未來世界的窺測與憧憬。同時，現代社會的發展又爲烏托邦

理論的創新提供了廣泛的內容和一次次新的契
機。歷史上每一次大的社會變動，都會激發烏托
邦理論的更新和改造。雖然，田立克的烏托邦思
想有著深刻的思想淵源，但是從根本上說，這個
仍然緣起於近代的工業革命。工業革命結束了中
世紀漫長而又沉悶的徜徉與等待，揭開了人類現
代生活的新紀元。毋庸置疑，社會的改變導致人
的生存方式的巨大變化，同時，使人們產生解決
人類社會所有問題的理想。這個理想在相當多的
宗教思想家那裡就表達為社會烏托邦的期望。

從宗教理論和烏托邦思想的聯繫與比較來
看，烏托邦理論講的是現時的彼岸世界呢？還是
未來的社會可能？我認為，過去我們一直講宗教
涉及的僅僅是彼岸世界的存在，是現實的逃避與
消極的反抗。這樣的說法雖然有一定的道理，但
並不全面。從宗教理論描述的天堂狀況來說，它
當然不可能已經在現實中存在。但是，這種狀況
的思考與描述本身就是對於現實的批判。因為它
提供了一種社會合理存在的參照。從宗教思想追
求的境界來說，它既希望這種天堂世界早日到

仰的未來。古往今來，人們的烏托邦信仰千變萬
化，其中不乏許多荒謬的東西。但是，在大家將
烏托邦當作信仰的對象時，卻能從中不斷獲得靈
魂的依托和心理的平衡，獲得啓示與力量。體驗
的方式往往表現爲內求諸己。它只要求在自己的
內心世界構造起理想的天堂，不斷以濃重的情
感，透過內省的途徑達到自我想像的滿足。理性
的方式是從現實的可能方面，推論出未來的理想
境界，即人們參照了現實的社會秩序，以理性的
方式構造起一個烏托邦的境界。這種方式也許超
越了知性推理的循序漸進與按部就班，但它仍然
是現實可能的未來投射。田立克所說的烏托邦的
積極方面和消極方面都有可能在以上三種不同的
認知方式中表現出來。所以，我們必須說清楚，
烏托邦的存在是必然的，烏托邦的作用卻呈現出
多樣化的偶然性。

　　烏托邦思想的創立和出現，與創造這一思想
的作者的宗教情懷和社會主義的精神嚮往密切相
關。在西方思想史上，托馬斯莫爾的《烏托邦》、
托馬斯康帕內拉的《太陽城》和約翰安德理亞的

《基督城》被並立爲烏托邦的三部曲。三位思想家
都不愧是高瞻遠矚的宗教政治家。他們都站到了
時代的高處,以其深邃的洞察力,預見到了人類
社會發展的可能前景。上述三顆空想社會主義的
思想明珠肯定給田立克以深刻的影響。這種影響
可以因爲田立克與他們共同的基督教信仰與宗教
修養和社會主義精神而得到最爲充分的估計。在
寫作方式上,《烏托邦》、《太陽城》與《基督城》
都採取了文學遊記的寫作體裁。它們對烏托邦所
作的全是正面的形象的描述。同時,這些烏托邦
思想也都指明了通向社會主義的道路。田立克對
於烏托邦所作的思考全部都在純粹理論的層面
上。他所作的是思想意義上的邏輯推論,是清醒
又深刻的學理性的論述。他不僅分析了烏托邦思
想可能達到的精神境界,而且也指出了這一思想
的內在局限。田立克以清醒的眼光看到,烏托邦
只能在精神的層次上發揮其應有的作用。它的導
向功能也許是重要的,但是,它並沒有以現實的
形態在世界的某個地方真正存在。而且,如果人
們對於烏托邦的過多沉湎與幻想,只會帶來消極

的結果。

　　在田立克的思想深處，人的「終極關懷」和
烏托邦有著密不可分的相互聯繫。「終極關懷」
是田立克思考一切社會歷史和人類生存的出發點
與歸宿所在。「終極關懷」啓示著人類進步的方
向。烏托邦作爲對於這個進步方向的一種社會思
考與探索，其目標直指「終極關懷」。在這個意
義上，烏托邦是「終極關懷」在人類社會期望上
的一種反映。烏托邦思想中最爲內在的核心仍然
是人的「終極關懷」。「取法乎上，僅得其中；
取法乎中，不免爲下」。把人的生存和精神狀態
提高到「終極關懷」最高理想層次上，能夠使人思
考烏托邦思想的境界問題。可以這樣說，沒有田
立克的「終極關懷」，也就沒有他的神學烏托邦
理論。而有了「終極關懷」的思想觀念，才能使
他的烏托邦成爲一切社會理論中具有重要價值的
思想之一。

　　儘管人們根據自己的願望對於烏托邦世界加
以不同的設計和規定，作了極不相同的論述與描
寫，但是，這其中仍然存在著許多共同的特點。

首先，烏托邦都有具有終極性，這種終極性藉由
無限性與完善性而得到表現。正因爲其具有不可
企及的終極性，所以才留給人類足夠的空間去按
照自己的意願來任意美化這個不可企求的終極實
體。其次，烏托邦具有主觀性和內在性。它雖然
時常被看作是實體性的存在，卻完全不是外在
的、客觀的。它只是人類主觀的思想活動在未來
社會的一種投射而已。再次，宗教意識中的烏托
邦常常具有人格性。儘管烏托邦思想的表現形態
都是社會性的，但是，它總是在上帝的人格化存
在的統治之下。這樣烏托邦的「自信」又往往建
立在對於上帝的信仰的基礎上。從世俗的眼光來
看，這種烏托邦或多或少表現了人類自我人格的
異化；但是，從基督教神學的眼光來看，上帝始
終在天上，而人只是生活在地上，真正的人間天
堂必須要由具有人格性的上帝來保證。

五、「上帝國」的社會觀

　　田立克是著名的存在主義者。從他的理論內容中，我們可以看到，存在主義的意義在於，它號召人們返回到直接體驗到的實在，它有力量揭示人類生存的性質，並看到它的矛盾，看到它的分崩離析、它的無意義和絕望的意識。在他看來，個人生活中精神上的分裂總是與社會、政治、特別是與經濟的分裂相關聯的。因此，要改造人性，就要全方位。

　　田立克與當代許多西方哲學思想家一樣，企圖超越哲學史上已有的關於人的唯物主義和唯心主義兩個概念之間的對立，提出一種新的哲學人類學基礎。他認為，他所信奉的宗教社會主義具有一個雙重的出發點：一方面是人內部的生命的東西和精神的東西的統一；另一方面是構成威脅的人的存在危險之源的這種統一的破壞。從這個

觀點來看，當代資本主義導致了人的精神與生命
的統一的破壞，使人類面臨著具有極大威脅的處
境。因為當代資本主義看待人的出發點是建立在
純粹的商品關係基礎上的。資本主義的理性思維
總是將人與一切事物當作經濟價值來認識。這
樣，人和物都被剝奪了自己內在的力量，而成為
理性的經濟工具。人們關注的只是物的理性方面
和人使自己適應於物的必然性。從物的方面來
看，物在獲得理性的物的價值之後便喪失了崇拜
性的愛欲價值。物越是成為一件純粹的商品，它
就越不能與所有者保持一種愛欲關係，就越不具
有內在的力量。但是這種內部空洞化的物卻成了
主觀性的愛欲和主觀性的力量意志的對象。從人
的方面來看，正是人的單純的享樂欲和無限的統
治欲占有了已成為商品的物，使物不可能具有任
何內在的愛欲關係。人的主觀性意志，在沿著理
性的經濟價值的路線前進時，是沒有任何限度
的。人，為了能夠無限地支配無限的事物，它必
須放棄自己內在的內容，並為空洞的無限的活動
而犧牲自我本身。因此在一個無限的工業經濟的

壓制性過程中，力量意志也變成了一個物。自然
的邪惡性完全像聖禮的邪惡性一樣是毀滅人格
的。

　　田立克晚年在論述「政治期望」時得出了這
樣一種觀點：即認為在目前這個時代，我們正處
於一種僵持狀態中，我們實際上生活在一個「神
聖的空虛」中，我們必須要在希望中等待。由於
許多民族對於自己的民族有過多的「民族自豪
感」，我們對於自己的善良有過多的幻想、對他
人的形象有過多的歪曲，我們應該有必要的反
省。

　　作為一個現代思想家，田立克的神學理論是
從現代哲學和現代社會問題出發的。他的「上帝
國」理論也建立在這樣的基礎之上。在他這樣一
個存在主義者看來，人類的困境不是來自人的外
部環境，而是來自人類自身。它既來自人類自身
的自大與傲慢，也來自近代以來科學與技術的進
步以及對這種進步的盲目迷信。現代人不是被外
來的洪水毀滅掉的，而是用自己一手製造的火和
毒氣來毀滅自身的。問題已經嚴重到：只要嚴肅

地思考我們周圍的一切，就可以發現，在今天，地球與人類的生存問題已經不僅僅是關於人類的好奇心、藝術想像、科學研究和技術解決的主題了，它已經是一個令人痛苦憂慮的難題。人們感受到「一種人類的普遍與整體的災難迫在眉睫了」。由此，田立克從神學的角度分析了解決人類社會歷史生活問題的方法。他提出了現實社會生活的歷史秩序與新存在的神的秩序的思考。他認為，人類的整個生命和歷史每時每刻都同屬於這兩種秩序。首先，人類的秩序是歷史的秩序，是被生死主宰的秩序。人類被衰敗消亡的現象喚起的憂鬱，正是人的短暫性的象徵。而上帝的道是永恆的。其次，歷史的秩序是一個罪與罰的秩序。社會歷史中的正義的人們都在承受著自己失敗的後果。而在上帝的秩序中，奮鬥不會落空，罪過將獲寬恕。最後，歷史的秩序是有限性與罪孽的結合，這是控制歷史進程，注定人類的企圖必敗的悲劇性法則。而神的秩序能夠超越歷史和悲劇的秩序，它賜軟弱者以力量，使他們恢復氣力。在談到這兩種秩序的關係時，田立克指出，

人類歷史的秩序與神的秩序是共在的。但它們之間不能相互混淆。神的秩序不是歷史的秩序。讓我們從時代的災難中至少認識到這麼一個真理吧：有限性、罪孽與悲劇性是任何生命、任何時代所不能擺脫的。但是，作為人類，我們可以憑藉自己的力量和勇氣超越歷史秩序中的一切，能夠分為某種永恆的東西，可以從屬於另一個秩序——一個使人對其所得永不知足的秩序，真正參與到那不是短暫、沒有自毀性、非悲劇性而卻是永恆不朽、神聖有福的秩序。雖然，歷史的秩序和永恆的秩序永遠不可合而為一，卻是相互包含的。歷史的秩序不能與永恆的秩序分離。

　　在田立克看來，以前，先知曾告訴我們，群山的搖動、岩石的融化都是主的所為。但是，現代人聽不懂這種語言。上帝不受限於任何語言，甚至不受限於先知的語言。他透過我們最偉大的科學家之口向當今的人類說：你們能夠將你們自己引向末日。我把搖動你們大地根基的力量放在你們手中，你們可以用之於創造，也可以用之於毀滅。你們將怎樣使用它呢？如果人只滿足於依

賴自己的文化創造、技術進步，如果人自稱與上帝無異，那麼他就是在自毀自絕。如果人能夠正確地認識到，只有心存永恆，才能使自己的生活永恆，那麼，人的未來才有希望。由此，田立克提出了「上帝國」的社會理想。

什麼是「上帝國」呢？以前人們對「上帝國」的認識有兩種：一是把它當作現實中應當具有的社會形態，甚至這種社會離開我們已經不遠，只要我們再努力一點，再自我犧牲一點，「上帝國」就會呈現在眼前；二是把「上帝國」當作與此岸世界截然不同的彼岸世界，這個世界是人死後進入的一個固定的超自然的社會，俗稱「天堂」。田立克認為，「上帝國」的思想源於耶穌的講道「天國近了」和基督教主禱文裡禱告「上帝國到來」。「上帝國」只是一個象徵，這個象徵是對歷史意義的問題的回答。「上帝國」有「歷史的」和「超歷史的」兩重性質。所謂「歷史的」就是它參與歷史的動態；所謂「超歷史的」，就是它回答隱含於歷史動態中的朦朧性的回答。「上帝國」的這個雙重性，使它成為在基督教思想中最重要和

最難解的象徵，也是對政治的教會的絕對主義的
最具批判性的理論之一。

　　在田立克看來，「上帝國」的象徵，在社會
理論中有著十分重要的意義。「上帝國」象徵著歷
史的目標與終結，這種目標與終結不僅具有時間
和空間的意義，也有評價性的意義。它表明了時
間上的最後，也指出價值上的最高。「上帝國」的
象徵具有以下四個重要涵義：

　　首先，「上帝國」有著政治性的涵義。「國」
是作爲地域的領域，但是，「上帝國」與其說是上
帝所支配的領域，不如說是屬於上帝的支配力，
是上帝在戰勝它的敵對勢力後所帶來的支配力
量。不過，作爲領域的「國」也不是全然不存在。
在聖經中，它是與錫安山、以色列、或宇宙同一
的，它是被變革的天與地，是歷史的新時代的新
現實。這時，「上帝國」的政治的象徵被變形爲宇
宙的象徵，而不失其政治的涵義。

　　其次，「上帝國」是社會性的。這個性質包
含有和平與公義的觀念，並由此充滿了在和平與
公義領域的烏托邦企盼。

　　再次，「上帝國」有著人格主義的特質。在這種象徵裡，終極的認同性是存在的目標，與之相對，上帝國賦予永恆的意義給個人的人格。歷史所朝向進展的超歷史的目標，不是滅絕人性，而是成就在每一人類的個人的人性。

　　最後，「上帝國」的普遍性。它不僅僅是人們的國度，也包含著一切層次的生命的成就，這是與生命的多層次的統一相符合的。「上帝國」這個象徵是歷史的中心顯示。歷史的中心可以解釋為「無限的過去和未來中間的中心」。這個中心就是作為基督的耶穌的顯現。「中心」是個比喻，這比喻表現「歷史中的一瞬間，就是所有過去有的、未來也有的或同屬於準備與接納的一瞬間」，它是歷史中拯救力的標準，也是源泉。

　　田立克的「上帝國」理論是在末世論意義上使用的。在他那裡，上帝國、新存在和歷史的終結都是同一個層次的概念。上帝是神聖的象徵，「上帝國」不僅是一個時間與空間的概念，更主要的是一個價值與評價的概念。「上帝國」的到來，象徵著歷史開始進入永恆、人類找到了希望。

註 釋

[1] 《聖經·耶利米書》，4：23-30。

[2] 《聖經·以賽亞書》，24：18-20。

[3] Paul Tillich, *The Shaking of the Foundations*. Charles Scribner's Sons. 1948. p.5.

[4] 奧古斯丁，《懺悔錄》，商務印書館，1996，第242頁。

[5] 同註4，第244頁。

[6] 同註4，第247頁。

[7] Paul Tillich, *Systematic Theology*. Volume 3. The Universityof Chicago Press. 1963. p.355

[8] 田立克，《政治期望》，四川人民出版社，1992，第214-215頁。

第七章
宗教藝術論

一、藝術理論的文化基礎

　　爲了更好地認識宗教藝術，我們有必要對藝術的文化基礎作一些探討。任何藝術都屬於文化的範疇，也都以特定的文化爲基礎。那麼，什麼是文化呢？在田立克看來，文化是指關心某事，使其存在並得到成長。文化創造了超越自然的東西。爲什麼文化能夠創造？因爲在人類活動中有語言和技術兩個新存在。語言和技術也構成了文化的兩個基本功能。技術的功能是指人類使用工具產生的能力。語言具有傳達和表述的功能。語言把握住相遇的事實，將之作爲「既有的存在」，也就是將之「掌握作爲達到目的而加以對待或處理的客體」。但是，在時間的意義上，宗教神話語言或許也一樣古老。宗教的語言是象徵性的、神話性的，即使在解釋技術性活動時，也是如此。現在，日常語言和宗教語言這兩種語言的混

淆，妨礙了對於宗教嚴肅性的理解。而且，神話語言也能翻譯成兩種語言，即詩化的和科學化的用語。詩化的語言活在象徵中，但詩化的象徵不同於宗教象徵。它表述的是人與實體相遇的另一個方面。詩的象徵依靠感性的表象，表現著任何方法都不能表現的存在的層面。

　　藝術以文化為根基，而文化是人類精神的內在的、外在的、歷史的和現實的表現。如何看待精神呢？田立克要求將人的精神和神的精神統一在一起，他用了一個「靈」（spirit）字，來表把人的精神和神的精神統一後的人類精神。塞姆語（Semitic）和印歐語系（Indo-Germanic）在表示「靈」字的字根時，有「氣息」的意思。有氣的地方就有生命力。這裡的「靈」與生命完全一體。後來的哲學將「靈」與人的身體分離開來。靈只成了心智的一個不確切的代名詞了。靈中原來含有的力量的要素消失了。為了表示生命力以及生命的意義，亦即表示「力量與意義的統一」，人們認為恢復「靈」這個字是必要的。事實上，「靈」這個字及其涵義在宗教領域得以保存下來了。這一方

面是因為宗教傳統的強大；另一方面的原因是，想從神靈中除去力量的要素是不可能的。例如，「上帝是靈(Spirit)」，絕對不能翻譯成「上帝是心智（mind）」、「上帝是智性（intellect）」甚至黑格爾的「靈的現象學」也無法翻譯成「心智的現象學」。黑格爾也是從力量與意義相統一的方面來理解「靈」的概念的。尼采更是把「靈」當成是切入生命的生命。

談到基督教神學，「神靈」和「聖靈臨在」等詞是經常出現的。田立克說，把「靈」作為生命的一個層面來瞭解它，是神學上的需要。因為每一個宗教用語都是使用從普通經驗中來的材料的象徵。如果沒有對那個成為象徵的材料的瞭解，那麼對這個象徵本身就無法理解。他說，我們之所以要用「靈」這個幾乎被禁的詞，主要有兩個目的：一是為了要給人賦予其作為人的性質，給予那實現在道德、文化和宗教中的生命的功能以一個適切的名稱。靈作為生命的層面，結合著存在之力和存在的意義。靈可以定義為力量和意義在統一中的現實化。這裡所說的人，意指整體的人

以及在他裡面存在的一切生命的層面的統一；二
是爲了給使用於「神靈」、「聖靈臨在」象徵中以
一些象徵性素材，靈的層面提供這種素材。當人
體驗本身爲人時，人意識到在他的本性裡，是被
靈所決定的。這種直接的經驗，使人象徵性地將
上帝作爲「靈」以及講述神靈成爲可能。在這些象
徵性的用語裡，經驗的素材被超越了。

二、美與藝術的獨特見解

　　田立克回顧了人類思想史上的美的概念。他
認爲，古希臘時代，美與善是結合在一起的，沒
有善，就沒有美。近代的美學，已經將善者與美
者相統一的力量否定了。近代的美學與古典風格
的頹廢的一面相聯繫──亦即與被美化的自然主義
結合。在田立克看來，美的東西，應當是把握和
展示存在的深度的東西。美與「邏各斯」密切相
關。流傳最廣、撼人最深的「美」是與善和真的

「道」相統一的東西。黑格爾認為,藝術作品越是
偉大,就越能體現出對理性的「邏各斯」 的領
悟。藝術家越是不高明,我們就越看到他自己的
特異性和任性。在這一點上,田立克與黑格爾是
一致的。沒有「邏各斯」的美,就像飄遊的浮萍,
處在無根基的狀態。有了「邏各斯」的美,就像一
艘船,有了足夠重的錨和足夠長的錨鏈,能夠抓
住河床的存在的底部,從而獲得一個牢固的地
位。

　　在討論到審美範疇的時候,田立克認為,人
類的審美功能與認知功能是不同的。認知功能中
的緊張,根源於主體與客體的分離。審美功能的
目的是「表現」。在審美功能中所產生的緊張,在
於「表現」和「被表現」兩者之間。「這種緊張終
極地也根基於人本身與世界的生存性的疏離」。
人類「自己與世界的真正結合,在審美的會遇中
達成」。[1]我們可以說表現性的「真理」與「非真
理」,但是,更重要的是指表現形態的「正當性」
和 「非正當性」。何謂表現形態的 「非正當性」
呢?第一,不表現深層而只模寫表面,不敢或者

不能接觸到生命的深度；第二，藝術家不表現與
存在的藝術性相遇，而只表現自己的主觀性。

　　由於審美在人與世界的關係中表現了生命的
真諦，所以，康德學派的哲學家們（包括古典的
康德學派和新康德學派）視藝術爲生命的最高表
現。有人也以此爲理由，以審美的功能來取代宗
教的功能。但是，田立克卻不以爲然。在他看
來，雖然，藝術作品是自我與世界的一個結合，
「然而，在自我這邊以及世界那邊都有界限。在世
界那邊的界限是：雖然作爲審美的功能，確已達
到一個經常容易被隱蔽的地方，但不會達到那超
越所有地方的那個終極性實體；自我這方面的限
制是：在審美的功能中，抓到的是其映像的實
體，而不是其存在的實體。」[2]審美理論的一個關
鍵詞是「像」，「像」不同於概念性的真，「像」
是審美用來接受實體存在的一種方法，而概念則
用於認識的方面。大多數人都會同意在視覺的或
文學的藝術中，無論是感官上或幻想的，會創造
出形象。形象就有一個「形似」或「神似」的「像」
的問題。儘管「像」的語源是視覺的，但我們卻

用這個詞在所有的審美創作中。

什麼是藝術？田立克認為，藝術，是人的自我創造，是人對自己的生活及其意義的自我解釋。田立克從宗教的觀點看待藝術，必然會將藝術和人的整個文化相聯繫，將藝術與宗教這一人的精神生活的「深層」所在相聯繫。田立克認為，一件藝術作品應當表現人的精神與世界的遭遇。人類自身與世界的真正統一，是在審美的遭遇中完成的。從哲學上看，藝術創造達到存在的深層，從而表現出「終極關懷」。藝術作品的樣式表明了人的終極眷注。所謂藝術品，都必然地包含著三種要素：題材、形式、樣式。

題材潛在地等同於在感覺映像中能夠為人類心靈所接受的一切事物，題材絕不會被別的性質所限制，諸如善與惡、美與醜、完整與破碎、人性與非人性、神聖與邪惡。但是，並不是每一種題材都會為所有藝術家或所有藝術時期所使用。這裡存在著選擇的原則。而這種選擇依賴於形式和樣式。

形式作為藝術品的第二種要素，不是一個普

通意義上的概念，它屬於存在本身的結構要素，並且只有作爲那種使一件事物「是其所是」的要素才能被理解。首先，形式賦予一個事物以「唯一性」和「普遍性」。其次，形式賦予一個事物在存在整體中的特殊地位。事物正是由於它們的形式而成爲藝術作品。再次，形式賦予一個事物以表現力。藝術創作爲形式所決定，形式運用諸如聲音、語詞、石塊、顏料這樣的特殊材料，並將這些材料精製成一件獨立自在的作品。由於這個原因，形式如同在任何別的創造中一樣，在每一種藝術創造中也都是本體上決定性的因素。

　　講到形式，就不能不提及田立克關於人類理性和審美中的「形式主義」的一些見解。他認爲，人類理性在其本質結構中結合了形式的因素和情感的因素。在理性的認識功能和法律功能中，形式因素占優勢。在其審美功能和共處功能中，情感功能占優勢。但在本質理性的所有活動中，它們都結合著這兩個因素。在生存條件下，這種結合被破壞了。形式主義表現爲僅僅強調每一項理性功能的形式一面，並把這些功能彼此分

隔開來。如果把「控制性的認識」和相應的形式
化邏輯視為所有認識的模式，就代表著認識領域
內的形式主義。認識領域內的形式主義就是唯智
主義。它阻礙認識理性去向事物和事件的深層掘
進，而那些深層是只能用「理智的愛」去把握的。
在審美領域，形式主義是一種表達在「為藝術而
藝術」一語中的態度，它忽略了藝術創造賦予其
形式的內容和意義。唯美主義用分離的趣味判斷
和精緻的行家眼光去代替情感的統一性，從而剝
奪了藝術的實存特性。沒有創造性的合理的形
式，就不可能有藝術表達。但是，形式，即令是
最為精緻的形式，倘不表達一種精神實質，就是
空洞的。即使是最為豐富、最為深刻的藝術創
造，假如是根據形式主義和唯美主義來接受它，
它也會對精神生活具有破壞性。例如，巴哈的
《馬太受難曲》的每一次公開演出都帶有這樣一種
風險，即對於那些未被其無限意義所捕捉而去欣
賞巴哈音樂的偉大藝術的人們來說，可能減少福
音故事的意義。大多數人對形式主義的唯美主義
的情感上的反對，在審美判斷上或許不對，但在

基本意圖上是正確的。

　　樣式一詞，最初被用來描述服飾、房屋、庭園等方面的變化著的時尚。現在已被廣泛地運用於藝術創作領域，甚至已被運用於哲學、政治等方面。樣式以一種獨一無二的方式制約著一個時期的眾多藝術品。藝術作品正是由於它們的樣式而具有某種共同的東西。藉由對藝術和哲學樣式的諸多分析，田立克表明：藝術的每一種樣式均表明了一種對人的自我解釋，由此也就對生活的終極意義問題作出了回答。藝術家必須對自己所生活的時代的歷史本質有所領悟。只有當藝術家處在準確的悟道狀態，他才能從紛繁複雜的世界中掘出重大的題材，藉由最好的形式創造出最好的作品。健康的哲學思維，尤其是準確的把握「存在的真理」的意識與能力，乃是使藝術品達到偉大和不朽的必要條件。

三、藝術的嚴肅性

　　田立克是一位強調藝術嚴肅性的思想家。他並不否認，藝術與藝術欣賞具有玩樂性的方面。在他看來，「賞玩」是心靈自由的最具特徵的表現之一。而自由賞玩中的認真與嚴肅，並不比「必要工作」的嚴肅性要低。他從文化和道德的關係入手，論述了文化藝術的嚴肅性問題。他說，文化賦予道德以內容，道德也賦予文化以嚴肅性。對文化創造中缺少嚴肅性的情況，就被祁克果（Soren Kierkegaard）稱作「審美主義」（aestheticism）。那是對文化性創造設置隔離的態度。如果文化創造單純爲了享樂上的評價，這個態度不可以與在文化創造及其接受中的玩賞的要素相混淆。有嚴肅性的地方，就有道德命令（必然性）的無制約的性格的力量，有意識地或無意識地活躍著。在它的創造的活動裡，失落這個方向的文化

就變成淺薄。

　　由此，我們也可以從「嚴肅」入手談一談田立克關於「偉大和悲劇」的觀點。在田立克看來，「只有偉大才有悲劇」[3] 在古希臘，擁有最高價值和權力的英雄們，常常是神話與戲劇中的悲劇主角。悲劇性的故事，描述人的異化（疏遠化）的普遍性及其不可避免性。而且那不可避免性是一個責任的問題。不瞭解偉大，而想去深刻地談論悲劇及其意義，是不可能的。令人傷心的事情，並不就是具有悲劇性的事情。唯有以瞭解偉大性作為基礎，才能瞭解悲劇。如果有人問，悲劇人物的罪惡何在？其答案是：他們用了自我超越的功能。為了使自己更加偉大，他們不斷超越著。田立克分析道：如果偉大與悲劇是難以分離的話，那麼，人們必然會竭力地避免偉大性，以此來逃避悲劇性。這是我們在現實生活中司空見慣的。於是，生命就會感覺到一種「不可承受的輕」，虛無主義就會盛行，一個「平均化」的庸人時代就到來了。因此，藝術可以而且應當藉由「悲劇」來表現存在的嚴肅與偉大。悲劇藝術要透過設定

嚴肅的目標，然後，用符合現實與合乎邏輯的方
法地使其破滅，用「撕碎了的嚴肅與偉大」來震
撼人的心靈，淨化人的精神。

　　田立克認為，雖然我們可以提出文化藝術的
嚴肅性問題，但是，人類審美藝術中仍然存在著
「兩義性」問題。

　　田立克指出，人們以為，在藝術的直覺和映
像中，能夠做到理論和實際的再結合，因而想要
借用藝術中映像的創造，來尋求對生活裡「兩義
性」的解決。但是，審美的映像中的兩義性，是
同樣存在的。在審美功能中的表現者和被表現者
之間的矛盾、藝術理論與相遇的實體之間的矛
盾，都表現在每件藝術作品的風格、形式的各種
要素的矛盾裡。這些要素被稱為自然主義的、理
想主義的和表現主義的。這些自稱為主義的名詞
又都受到語言的兩義性的牽累。然而，我們又不
能棄之不用。在這個背景下，自然主義是指想要
表現為極度誇張的客體存在的一種藝術的衝動。
它的繼續發展，就是「自然的模仿」。這就是「樣
式的自然主義的兩義性」。理想主義卻是正好相

反的藝術衝動。它超越了人們遇到的事物而朝向
事物「應有」的方向。從神學上來說，是朝向末
世論完成的目標。大多數古典藝術家都由這種衝
動所決定。不過，它也暴露了生命的審美期望所
表現的自然的客體，已經喪失了其預期的理想的
問題。這就是「樣式的理想主義的兩義性」。在這
裡，人們爲了要符合理想的要求，將遇到的實體
用感傷性的和不誠實的方法加以修正與美化。這
種理想主義傷害了宗教藝術。它反映的是文化真
空時期的低級趣味。

　　爲了恢復藝術的本來面目，田立克提出了文
化藝術的復古性問題。他談到文化精神時，提出
用「觀想」（theoria）一詞，來代替「理論」這個
詞。其理由是現代語彙中的許多語詞都已喪失了
古代語詞的意義和力量了。「觀想」一詞恢復了
希臘文的原型。「觀想」是一種注視所遭遇的世
界，爲了要從世界得到什麼進入有中心性的自我
之中，而進行的有意義、有結構的行爲。每一個
審美的形象或認識的概念，都是這種具有構造的
整體。從理想上來說，人的思維追求一個包含所

有形象的形像，以及一個包含所有概念的概念。
但是，在事實上，宇宙從來不會在一個直接性的
視覺中出現，不會在一個形象或一個概念中完全
表現出來。因此，每一次「觀想」都只是意義世
界的一個片斷。有人說「那是一棵樹」，那麼，
他已捕捉到一棵樹的樹性，從而捕捉到意義世界
的一個片段。在這個例子中，語言乃是用來作為
「觀想」的認知表現。這樣的相同的事例也存在於
審美的意義中。如果梵谷（Von Gogh）畫一棵
樹，則這樹是他所觀看的世界像。他以所創造的
樹的本性的像及其反映在樹中的宇宙像，從而對
意義世界作出貢獻。

四、基督教與生存主義相統一的
　　藝術思想

　　基督教作為一種具有純正思想淵源、悠久歷
史傳統、較為規範的教會組織和正統精神信仰的

世界性宗教，不僅對於藝術有著重要的影響，而且也產生獨具一格的基督教的宗教藝術。基督教的宗教思想對於藝術表現有著特定的要求。這種要求必定要符合基督教思想的規範表現。田立克當然要尊重宗教藝術的這個內在要求。但是，作為一個當代的存在主義哲學家，他也不能不考慮藝術的自身規律以及藝術家的個性與創造力問題。為此，他提出宗教藝術的基本關係就是教會對藝術的正當要求與藝術家的創造要求之間的關係。

　　田立克闡述了宗教藝術的基本關係時指出，教會對藝術的正當要求（他們接受的宗教藝術，必須表現他們告白的事）與藝術家們的要求（他們必須被允許使用他們的藝術良心所嚮往的風格）兩者之間的可能衝突。這樣的兩個要求可以作為支配宗教藝術的兩項原理，亦即神聖化的原理和誠實的原理。第一個原理表現在宗教傳統的具體性中的神聖力量。它包括了特殊宗教特色的宗教象徵的使用，例如，基督圖象或受難故事。聖靈的臨在可從建築的空間、禮拜音樂和語言、繪

畫、雕刻來表現。但是，在神聖化的名義下，對藝術家的要求也有一定的限制，這個限制就是藝術的誠實原理。神聖化的藝術形式，主張絕對的「應該性」。因爲，它們充滿著恍惚的、信仰的經驗的記憶。它們又在聖靈臨在的名義下。這種主張使藝術家處於深刻的道德衝突之中，基督教會的會友們被迫作出決斷，而這是宗教上的痛苦決定。田立克認爲，在藝術家的無意識的深淵裡，大家都感受到舊形態的諸形式，不管怎樣經過聖化也不能再具有表現的功能了。「這些形式已不再能表現『在具體情況下被聖靈臨在抓住的人們的宗教遭遇中發生的事』。然而，新形態的形式還沒有發現神聖化的資源。在這種情況下，對藝術家的誠實的要求，不是強迫他們完全放棄表現傳統的象徵的嘗試，就是強迫他們承認失敗」。[4]專門論述了基督教教會與宗教藝術以及審美的關係。在他看來，教會將人的生命的意義，表現在藝術的象徵裡。這種「藝術象徵的內容（詩的、音樂的、視覺的）根源於啓示經驗，也建立在傳統的宗教象徵上。當藝術的象徵以經常變化的形

式來表現其被賦予的象徵時，會呈現「雙重象徵
化」的現象。在北歐文藝復興時期，有一個畫家
名叫 Matthias Grunewald，他的「基督的十字架」
就是一個表現宗教象徵的例子。這幅畫是偉大藝
術的稀有繪畫，同時這個象徵在精神上是表現了
宗教改革的，其雙重性在於它不但表現了宗教改
革前的經驗，也有助於擴展宗教改革的精神。

　　田立克認為，還有一個伴隨宗教藝術兩個原
理的關係的問題，即可能會出現那「排除本質地
被神聖化的形式，因而必要從宗教藝術的領域排
除」的藝術的形體。我們試想某形體的自然主義
或今天的非客觀主義的形式，由它們的本質而
言，兩者已從很多傳統的宗教象徵的使用被排除
於外。自然主義在描繪其對象時，力求排除生命
的自我超越；非客觀的形式，排除了有機的形象
或人類的外形。為此，人們或者說，只有那會表
現聖靈臨在的恍惚的性質的形式，才有助於宗教
藝術。而這意思或者是指：為了要使某一形式成
為宗教藝術的工具，其中必須有某種表現主義的
要素。

　　田立克指出，如果我們考察基督教改革的歷
史，就會發現，雖然宗教音樂和讚美聖詩繼承了
古代和中世紀教會的成就，但它們常常是超越前
人的。而在視覺藝術上的創造力就稍遜風騷了。
視覺藝術是聽與看並重的東西，例如宗教舞蹈和
宗教戲劇。視覺藝術的發展缺陷，與中世紀後期
的藝術著重點由視覺轉向聽覺有關。隨著聖典的
次數和重要性的減少，又隨著「會眾積極參與禮
拜」的強化，音樂和詩歌顯得重要了。而極端福
音主義教會和改革宗教會發起的破除偶像的運
動，導致教會完全廢棄使用視覺藝術。這個排斥
視覺藝術的背景是：視覺藝術比聽覺藝術更容易
陷入偶像崇拜。從最早的聖經時代一直到現在，
對偶像的害怕、恐懼以及要破除的熱情，貫通了
西方世界的發展潮流。然而，也必須指出，視覺
藝術與其他藝術的差別是相對的，而不是絕對
的。聖靈的性質本身反對從它的經驗存在中除去
視覺藝術。生命是多層次的統一。人的精神不能
只依照講述的「話語」來表現。它也有可見的一
面，如顯示於容貌和形體來表現的人格。在我們

指出「表現主義要素的優勢風格，對宗教藝術最為有益」的歷史事實時，就會提起哪種風格會在何種情況下顯現的問題。宗教不能強迫藝術的發展方向，因為這會同藝術的誠實原理相抵觸。藝術風格是在心靈的自我創造過程中出現的，當然它也受歷史命運的影響。宗教也會間接地影響歷史命運和藝術家的自由創造。

註　釋

[1] Paul Tillich, *Systematic Theology.* Volume 3. The University of Chicago Press. 1963. p.65
[2]　同註1，第65頁。
[3]　同註1，第92頁。
[4]　同註1，第199頁。

第八章
宗教方法論

一、現象學方法

作爲二十世紀的神學和哲學大師，田立克既大量地使用神學的啓示方法、象徵方法，又十分精妙地運用了現代哲學的現象學方法。田立克指出，所謂現象學方法，其目標在於描述「意義」，而暫時不考慮其所指向的實在的問題。這種方法論途徑的重要性在於，它要求在一個概念的有效性得以確定之前、在一個概念得以認可或拒斥之前，先得澄清並劃定它的意義。在太多的情況下，特別是在宗教領域內，一個觀念被人從粗劣的、含混的或通俗的意義上去理解，從而成爲輕率而不公平的拒斥的犧牲品。神學必須把這種現象學方法應用於其所有的基本概念，迫使其批評者首先看一看被批評的概念意指什麼，也迫使自己審慎地描述自己的概念並以邏輯上的前後一致性來運用概念，從而避免用虔敬的材料來填補邏

輯的裂縫這種危險。

　　對於神學現象，現象學所給出的結果也是要
令人信服的。在這裡，現象學是一種不用否定性
或肯定性偏見和解釋去加以干擾，而按現象「給
出自身」的狀態去指明現象的方式。當然，神學
問題有其特殊的方面，譬如，對於神學的啟示問
題，人們可以取一個典型的啟示性事件作為例
證，然後在它之中藉由它去發現啟示的普遍意
義。不過，一旦現象學直觀所遇到的是彼此不同
或相互矛盾的例證，現象學如何作出解釋呢？田
立克認為，只有把一種批判的因素引入「純粹的」
現象學，才能回答例證的選擇問題。關於例證的
選擇，絕不能留給偶然。精神生活所創造的，絕
不僅僅是標本；它創造的是某種普遍的東西之獨
特的體現。因此，用來對啟示這一類概念的意義
作現象學描述的例證的選擇，就是極其重要的
了。這種選擇，在形式上是批判的，在實質上是
生存的。實際上，它依賴了一種已被接受的和被
視為終極的啟示。這個終極的啟示就是「耶穌是
基督」，它對於其他的啟示而言是批判性的。儘

管如此，現象學的方法仍被保留著。這是「批判的現象學」。它把直觀的描述的因素同生存的批判的因素結合起來了。直觀的描述的因素，就是藉以描摹例證中表現出來的意義的技術。實存的批判的因素，就是據以選擇例證的標準。

最後，田立克說，批判的現象學是一種重要的方法。它最適合於提供對精神意義的規範性描述。神學在討論自身的每一個基本概念時必須運用這種方法。

二、「兩義性」方法

田立克十分重視對人類生存中的「兩義性」（朦朧性）問題的研究。他認為，任何一種確定的人類生存狀況都存在著似乎完全對立著的兩種發展的趨向和兩種解釋的可能。「兩義性」（Ambiquity）也可譯為「朦朧性、模稜兩可，可作兩種或多種解釋」等。我們發現，在田立克關於

人類生存狀況的分析中，「兩義性」是他對人類
面臨向善或向惡、拯救或毀滅時的猶豫、遲疑和
冒險的本性的認識和把握。同時，由於他大量使
用「兩義性」來分析和論述人類的精神和行為，
以至在他的理論體系中出現了一種新的重要方
法，即兩義性分析方法，簡稱「兩義法」。我們從
辯證法的觀點來看，「兩義性」反映的無非是事物
存在和發展中的對立性質，「兩義法」就是分析和
掌握這種性質的一個理論方法。「兩義法」是田立
克對辯證法的一種獨特的理解與使用。

在田立克看來，人類文化中兩義性，主要是
指意義的創造和毀滅。他認為，語言是意義的創
造者和持有者。語言創造意義世界，同時也從語
言所指的實體中把意義分離出來了。人的理智在
把握客體時，在語言所把握的客體與語言所創造
的意義之間產生了間隙。這樣，語言在使用意義
時，就可以既尊重事物的本來規律，也可以歪曲
事物、為我所用。語言中的實是求是與強詞辯
解、阿諛奉承，就是兩種不同的意義指向的表
現。它深刻地反映了人類文化行為中意義的創造

和破壞的「兩義性」。爲了從更基礎的方面分析文化的「兩義性」，田立克論述了人們最普遍的認識行爲——觀察的兩義性。觀察常常被看作所有知識的確實性的基礎。然而，這確實性並不能消除其兩義性。無論在歷史學、物理學、倫理學和醫學，觀察者都要認定認識中的事物是實際存在的。這裡「實際存在」的意思是離開觀察者而獨立存在。但是，並沒有能夠離開觀察者而獨立存在的事物。有時受觀察的東西會在被觀察時有所改變。因此，觀察的結果並不是「真實的存在」，而是被相遇的實在。人們對於同一個事物的不同認識結論就是這種「兩義性」所導致的結果．

田立克指出，宗教，無論在其功能和意義上都有「兩義性」。「宗教的第一個兩義性就是宗教功能本身中的自我超越和卑俗化。」[1]宗教的自我超越即是神聖化。神聖化的意思是，宗教是建立在神聖者基礎之上的，宗教是存在的神性根基的顯示。神聖指人們實際參與神聖事件的程度。決定參與程度的，不是個人的人格資格，而是自我超越的能力。宗教的卑俗化指的是把宗教變形爲

有限對象中的一個的特性。每一個宗教行為都存
在著被卑俗化了的要素。卑俗化的第一個表現是
宗教的制度化。制度化了的宗教限制了有限者朝
著無限性的方向超越。它的第二個表現是宗教的
還原化。它使宗教還原為原始性的或最初的文化
和道德。在把宗教的自我超越性消除以後，人們
將會在宗教中僅僅發現認知性和審美性的表現。
宗教神話也只是原始性的科學和詩歌的結合。

　　田立克還分析了歷史中的兩義性。他說：歷
史中最根本的兩義性是，「一方面，歷史朝著它
的終極目標前進；另一方面，歷史又在不斷實現
有限的目標，並且以此來實現或者破壞它的終極
目標。」[2]為什麼這樣說呢？首先，人類技術性改
造世界的直接後果是使自己得以生存，但它同時
也破壞了世界的生態自然平衡，造成了人與自然
世界的對抗和疏遠。其次，人類社會在歷史上的
不斷統一造成了文明的進步，但同時也在製造人
與人、民族與民族之間的分裂。在人們開拓疆域
和民族統一的歷史過程中，存在著多少腥風血
雨、屍橫遍野的歷史悲劇。

　　黑格爾曾對歷史中生活的個人下過一個判斷：歷史不是個人可以從中找到幸福的地方。田立克在引述黑格爾的命題後指出，大多數的宗教思想家和哲學家都同意這個判斷。不過，這個判斷並沒有說出真理的全部。因為，個人在歷史中的生存狀況也呈現出某種「朦朧性」或「兩義性」。個人不可能脫離歷史，個人只能在歷史中尋找幸福。「歷史賦予每一個人的生存上肉體的、社會的和精神的條件。沒有一個使用語言的人，是在歷史之外的。沒有人可以在歷史之外抽身隱退。……一個總是重複的事實是：拒絕歷史行動的人們，比那些在歷史行動的中心的人，對歷史的影響更大。」[3]但是，個人又確實無法在各種矛盾交織的歷史中找到真正的幸福。所以，許多人都有逃避歷史的願望。這種願望將無數個人追逼到犬儒主義的冷嘲和絕望。在哈姆雷特：「生存還是死亡，這是個問題」的臺詞裡，盡述了這種「兩義性」的內容。

　　田立克還用「兩義法」分析了「生命的兩義性」、「道德的兩義性」等許多問題。他的「兩義

性」理論和「兩義性分析法」也因此具有了十分
豐富的內容。僅從上面例舉的幾個問題，我們就
可以看到，「兩義性分析法」所揭示的就是人類生
存中永遠無法擺脫的矛盾性。雖然人的生存命運
不是一種宿命，而是在人們的自覺選擇中形成
的。然而，人們的自覺選擇又是在不同的主觀和
客觀條件的支配下進行的。這些不同的條件使人
的發展具有種種不同的可能性。人們的生存命運
將呈現出各種不同的趨向，甚至其主要趨向有可
能是截然對立的。如果哲學或神學不是遠離人的
生活，而是切近人的生活，就不難發現，人的生
活本身便充滿著無數令人緊張以至煩惱的衝突。
這些衝突也總是懸置在對立的兩極之上。同時，
人的生活也具有可以選擇的希望。田立克所提出
的「兩義性」和「兩義法」對於打破人類生存的盲
目樂觀主義和悲觀主義有著重要的意義。並且，
「兩義性分析法」也揭示了人類生活的具體性。它
表明，人類生活不是只有一種規律支配下的抽象
命定。在思想上可以拼湊起來的簡單的一元論，
在現實中卻不可能存在。雖然，人們生活中的

我們細心揣摩「兩義法」，對於認識和把握辯證法的全面性、豐富性和深刻性有著重要的價值。

三、悖論法

田立克認為，神學使用的思想工具既有理性的、辯證的，也有悖論的。悖論是基督教神學啟示的重要思想方式。曾有不少人指責神學悖論的使用造成了思想的混亂。因此，田立克鄭重地指出：「無論何時使用『悖論』和『悖論的』語言，語義學的研究是必要的。」[5]悖論必須和反映理性、辯證理性、非理性、謬論和無意義等範疇區分開來。在他看來，反映理性又稱為技術理性，這是一種遵循形式邏輯的思維方式。這種思維方式自稱能夠涵蓋所有存在的領域。其實不然。悖論是同反映理性正相對立的思維方式。反映理性中的形式邏輯講的是Ａ就是Ａ的同一律，悖論卻是包含自相矛盾的命題。反映理性要求自己合乎

常理，悖論卻包含著與常理相違背的反論。當
然，神學悖論並不是形式邏輯的破壞。它不能離
開形式邏輯。悖論中每一個互相對立的陳述本身
也要按照形式邏輯的規則來建立。不過，神學悖
論反映的是人類生存中的深層矛盾，表達的是人
們普通見解之外的終極理念。因此，它又不能局
限於形式邏輯。神學悖論和辯證理性也有區別。
田立克認為，辯證理性中的兩個對立因素互為動
力，它更強調矛盾對立面的統一性。而基督教神
學悖論強調的是人與神之間的無限距離，因此更
注重矛盾對立面的差異性和對立性。例如，耶穌
基督就是一個與人類迥然不同的「新的存在」。神
學悖論也不是非理性的，它是一種高於反映理性
的深層理性。悖論絕不是謬論，把基督教信仰和
荒謬等同起來，是一個誤解。悖論也不是無意義
的理論遊戲。神性真理不能在無意義的理論遊戲
中得到表達。

　　基督教的神學悖論是什麼呢？田立克說：
「悖論就是與建立在普通人經驗總體之上的意見包
括感性的和理性的意見相對立的見解。基督教悖

論的見解與來自人類生存困境的意見相矛盾，與
以生存困境爲基礎而產生的所有人類期望和想像
相矛盾。」[6]在西方語系中，悖論一詞來自拉丁語
"paradoxa"，原意是「奇談怪論、異聞怪事」。
這個詞是由兩個部分構成的。它的前一部分"par"
和"para"又分別代表了兩個不同的意思。"par"
在拉丁語中有「一雙、一對、同等的、同樣有力
的」意思。現代英語也繼承了這個意思。"para"
在英語中作爲前綴表示「倒錯、錯亂、異常」的意
思。悖論一詞的後一部分"doxa"表示「意見、見
解、教義」的意思。我們將上述前後部分的各種
意思歸納在一起，發現在英語、德語、法語等各
種西方語言中，悖論一詞至少包含著兩層涵意：
一、自相矛盾。這是指一個理論或一個事物的內
部有兩個相互對立的東西存在，諸如自相矛盾的
陳述，自相矛盾的人和事。二、似非而是。這是
指一個與普遍見解相對立的反論。這個反論是異
常的、罕有的，卻包含著深刻的真理。似非而是
的反論意味著在一個理論或一個事物的外部有一
種對立物的存在。基督教神學啓示經常以悖論的

形式出現。這種悖論在其自身中包含著相互對立
的成分，並且與世俗社會普遍流行的觀念和見解
相對立。譬如，在現代西方社會，人們普遍認同
的是自我、金錢、權力和名位。如果某個理論要
求大家放棄自我和私利，去尊奉一個看不見、摸
不著的永恆價值和意義，那麼，這個理論免不了
會爲一些人譏笑爲悖論。不過，我們發現，正是
神學悖論的貌似背理、實爲至理的深刻內涵，才
能打破現代社會中的某些庸俗淺薄的流行見解，
才能使人清除和擺脫理論知識界的某些媚俗弊
病。

　　耶穌是基督的悖論，是所有悖論中最爲重要
的一個悖論，因此，我們將其作爲典型方法加以
分析。耶穌就是基督的命題是基督教神學的基
石。但是，這個十分重要的命題卻是以悖論的形
式出現的。丹麥生存主義神學家克凱戈爾提出，
對於耶穌的同代人來說，耶穌「這個特定的單獨
的人，言談舉止和其他人相似，遵奉同樣的風俗
習慣，卻是上帝之子。就一切人而言，悖論在
於：因爲不曾親眼見過他，所以想像他是上帝之

子還是容易的，但是有一個障礙，即他的言談卻遵循一個特定時代的思維方式」。[7]這裡表明耶穌是基督的悖論包含的是人和神的自相矛盾。田立克十分重視耶穌是基督的悖論，將它置於最重要的神學地位上。不過，他更強調這個悖論中包含的和公眾的普遍見解相對立的反論意義。他說：「基督教斷言出現在作爲基督的耶穌中的新存在是具有反論意義的。這一斷言構成唯一的能夠涵蓋一切的基督教悖論。」[8]田立克認爲，耶穌是基督之所以是一個悖論，就因爲這個悖論中的新存在的啓示和人類的自我理解和期望相對立。人的自我理解和期望表現在人的自我信賴、自我拯救和自我絕望三個不同的態度中。這三個態度是人類精神中最平常普遍的見解。耶穌是基督的啓示表明，人不可能透過自我理解和期望來解決他們的生存困境。只有耶穌成爲基督的神學啓示，才給人帶來拯救。「拯救就是矯正舊的存在並轉入新的存在。」[9]而耶穌作爲基督就是新的存在。

馬太福音書中耶穌成爲基督的歷史事件就是由一連串的悖論組成的。確實，基督教是同發生

言。」[13] 基督教所要的是這個神話所提供的信仰。耶穌為人類而慷慨赴死，現在卻永垂不朽地活著。被釘在十字架上那一位受難和獻身的耶穌，使人們感悟到了神的偉大、神聖和神秘。耶穌說：「我的德能在軟弱中愈顯得完全。」[14] 基督教必須從受難的十字架出發來思考和體驗神的存在和品格。在我們看來，十字架上的耶穌基督，是一個包容了人的位格和神的位格、死亡和復活、獻身和不朽等許多矛盾方面的悖論。在這裡，以形式邏輯為核心的日常思維顯然是不夠用了。神無法用形式邏輯的理性推理把自身不可企及的至善和永恆直接地陳述出來，神的至善和永恆只能在一個充滿矛盾的悖論中得到闡發。十字架上的耶穌基督也是一個不符合事實和常識的事件。因為一個符合人們常識的司空見慣的事實性事件，至多使人們感受到它不過是一個可以理解和想像的事情而已，而無法在人們的心靈深處引發驚顫和震駭，無法衝破人們習以為常的俗見。只有耶穌基督這種自我捨棄並且死而復生的悖論，這種貌似背理、實為至理的象徵性教義，才

能讓人對生存意義的深度加以思索。最後耶穌關
於「喪掉生命和救助生命」的告誡也蘊含著死亡
與永生的悖論。它啓示人們不要過於看重個體自
我，要敢於捨棄對於塵世生活的貪戀，去追隨耶
穌基督，從而獲得自己真實的生命。

　　上帝的偉大是凡人皆知的，可是，田立克卻
發現了一個「逃避上帝」的悖論。

　　上帝是人的拯救的希望。可是，《舊約‧詩
篇》中說：「耶和華啊！你已經鑒察我，認識
我。……我往哪裡去，躲避你的靈？我往哪裡
逃，躲避你的面？」[15] 逃避上帝是一個雙重的悖
論：一、上帝是人的救助，人卻要躲避他；二、
人四處逃匿，卻無法躲避上帝。

　　人爲什麼要逃避上帝呢？首先我們要弄清楚
上帝的真正涵義是什麼。如果上帝是按照人的理
想模樣製造的神，是祐護人的享受和福祉的神，
那麼，人不僅不會躲避，而且會心馳神往。但
是，田立克認爲，這樣的上帝絕不是真正的上
帝。真正的上帝是一個終極關懷的存在。他從人
類生存的深層意義上關注著人的言行舉動。「上

帝用看透一切的目光注視著，看到了人的幽深隱
秘之處，看到了人潛藏的羞恥和醜惡。」[16] 處在
生存條件下的人，帶著各種與生俱來的生理本
能，帶著各種在世俗社會中形成的心理欲望，不
斷地與天與地與人進行殘酷的征服鬥爭。真正的
上帝要求人們克制自然的生理本能，擺脫社會的
名利欲望。上帝要求將人們從聲色犬馬的名利場
中拯救出來。可是，那些甘於沉淪的人，或者尚
未自覺意識到拯救需要的人，豈不到處逃避上
帝。而且，在這些人中，「誰不憎恨一個在每條
路上、每個歇息處都出現的伴侶呢？誰不想打破
這樣一個形影不離的伴侶所造成的監禁呢？」[17]
甚至，由於人不能忍受這樣一個監察者和見證人
的存在，人在躲避上帝的同時還想殺死上帝。

那麼，人能不能逃避上帝呢？人們想逃到天
上去躲避上帝。人們一直試圖躍上至善至美、公
正和平的天堂。可是，這個天堂只是人造的。在
這個天堂裡，沒有聖靈不安的躁動，沒有神聖面
前的審判。這樣一個天堂只是烏有之邦，是理想
主義者的幻象。人們又想逃到陰曹地府，企圖以

田立克說：「我們靈魂深處最自我的運動並不完全屬於我們自己，因為它同時屬於我們的朋友，屬於整個人類，屬於整個宇宙，屬於一切存在的根據生命的目的。」[21] 因此，我們不能將自己和我們所屬的世界分開，我們永遠被某種比我們博大的東西所掌握、所包容。我們不能逃避那被不懈的關懷所引起的責任感，我們不能戰勝由不可躲避的透視所帶來的羞恥。我們不能逃避上帝。

　　逃避上帝的悖論，不但直接表現在這一命題本身，而且也表現在這一命題所展開的推理過程。要躲，躲不開，要信，又受不了。這正是逃避上帝的悖論中自相矛盾的集中表現。面對這個令人窘迫的難題，田立克給人們指出了一條解決的途徑。首先是要能夠忍受上帝的注視，雖然忍受上帝的注視「是最困難、最可怕的事。但忍受住這個壓力又是我們通向生命的終極意義、生命的自由和歡悅的唯一道路。」[22] 然後是頌揚上帝。要用對上帝的頌揚壓倒對上帝的恐懼。上帝以他的終極關懷創造了我們生命的意義。我們對自身生命的創造只能抱以感恩的心情。生命中有

宏恩，生命中有至高的友善和愛心。當我仰望天上的點點繁星，凝視大地綿延的群山，當我們看到那花開遍野、禽飛獸走、童真雅趣和成熟風采時，我們怎能不深切地領受到生命的美妙？怎能不竭力彌合我們的生存與世界整體的疏遠和分裂，我們怎能躲避上帝？

　　基督教神學的悖論，深刻地反思和批判了現代世俗社會中占支配地位的工具理性，主張以神學的啓示理性代替和改造工具理性。有誰能說對意義和價值的追求是有限的呢？基督教神學啓示的悖論能夠促使人們對此進行深入的思考。儘管田立克並不認爲神學悖論就是辯證法，因爲，他把神學啓示的悖論歸屬於人類精神生活的深層領域，而把辯證法當作是認識論的一部分，是人類精神生活的一種特殊機能，但是，在他有關神學悖論的具體闡述中，辯證法和神學悖論的許多涵意還是不可避免地出現了相互交叉和滲透融合的情況。我們認爲，無論在人的現實生活中，還是在人的理論思考中，辯證法和悖論都是不可能加以截然分割的。辯證法本來就是一種顯明事物本

身對立又統一的過程的認識，它有揭露矛盾、辯明真理的功能。在這個意義上，我們可以說，任何悖論都必然包含辯證法的精神。不過，辯證法是客觀存在的、普遍的，它更注重對存在結構的分析。而神學悖論並不是客觀的普遍的存在。它只有在人們要將自己的生活引向深層意義時才會發生。它要求在人們的現實生活中去發現和追求神聖和永恆。神學悖論也不注重矛盾雙方的結構關係。因為，在人和神之間並不存在客觀的結構關係。雖然蒂利希十分強調對人的生存問題要作本體論的結構性分析。但是，他認為人和神之間有著無限距離。當我們將人和神聯繫在一起的時候，就會發生結構性的悖論。

那麼，人們應該怎樣對待神學悖論呢？神學悖論有解答嗎？它需要解答嗎？按常理說，發現和提出問題本身就意味有可能找到解決問題的辦法。但是，神學悖論中的矛盾問題，正是人類生活中不斷解決又不斷產生的矛盾現象的反映。基督教神學的悖論需要解答。但是，這種解答仍然要保持在悖論的形式之中。因此，神學悖論是有

解答的，又是無法徹底解答的。因為這種悖論反映的就是人類生存的深度、人類生存的本性、人類生存的意味深長。如果用形而上學的孤立、靜止和片面的方法把悖論加以邏輯化和清晰化，如果用形式邏輯的 A 就是 A 等規則把悖論中的矛盾與反論加以消解，那麼，神學悖論的啟示功能將蕩然無存。

在一個嚴整的科學理論中，方法與思想總是融為一體的。思想需要方法得以展開，方法就是思想的構成內容。黑格爾認為，哲學就是方法本身。方法不是技術性的，而是哲學的內容本身。田立克思想的內容與他思維的方法是融為一體的。深刻的人道主義精神和睿智的辯證思維方法，始終貫穿於田立克的整個思想理論之中。田立克的「終極關懷」思想，因其終極性和關懷性的統一，在方法論上有著獨特的方面。正是這些獨特的方面，展示了田立克「終極關懷」的本質內容。這些獨特方法，與一般經驗理性原則基礎上的科學方法、歷史方法以及自然方法不同，也與神學史上曾經出現過的許多非理性主義、神秘

主義方法不同，田立克的方法論是哲學和神學融
合，理性結構和非理性的心理體驗的統一。用田
立克自己的話來說，方法是工具。一個方法適當
與否，不能先驗地斷定，而要在認識過程中判
定。方法和理論體系是相互影響的。方法是理論
自身的一個要素。在論述宗教神學理論中，田立
克還使用了大量的隱喻式話語。田立克所有的宗
教方法論以及語言方式，都向人們顯示了其特有
的思想深度。大家在自己的學習與思考中，還會
發現，它們負荷著許多許多的思想份量，蘊藏著
很多很多人生的體驗妙諦，它們也顯示了自然的
無窮雋永、理性的深邃洞察。確實，田立克從神
學的啓示和人的生存處境的統一，走向神學和哲
學的本體論研究，從而達到了基督教神學和存在
主義哲學綜合的一個高峰。

註　釋

[1] Paul Tillich, *Systematic Theology*. Volume 3. The Universityof Chicago Press. 1963. p.98.

[2] 同註1，第339頁。

[3] 同註1，第346頁。

[4] 讓‧華爾，《存在哲學》，三聯書店，1987，第133-134頁。

[5] Paul Tillich, *Systematic Theology*. Volume 2. p.90.

[6] 同註5，第92頁。

[7] 克爾凱郭爾，《克爾凱郭爾日記選》，上海社會科學院出版社，1992，第159頁。

[8] 同註5，第92頁。

[9] 同註5，第166頁。

[10]《聖經‧馬太福音》16：16。

[11]《聖經‧馬太福音》16：25。

[12] 同註5，第97頁。

[13] Paul Tillich, *Dynamics of Faith*. p.54.

[14]《聖經‧哥林多後書》12：9。

[15]《聖經‧詩篇》139：1-7。

[16] Paul Tillich, *The Shaking of Foundations*. Charles Scribner's Sons. 1948. p.43.

[17] 同註16，第43頁。

[18] 同註16，第40、41頁。

[19] 同註16，第41頁。

[20] Paul Tillich, *The New Being*. SCM Press Ltd. 1956. p.19.
[21] 同註16，第46頁。
[22] 同註16，第50、51頁。

田立克

當代大師系列 18

作　　者／王珉
出 版 者／生智文化事業有限公司
發 行 人／林新倫
登 記 證／局版北市業字第 677 號
地　　址／台北市文山區溪洲街 67 號地下樓
電　　話／(02)2366-0309　2366-0313
傳　　真／(02)2366-0310
印　　刷／科樂印刷事業股份有限公司
法律顧問／北辰著作權事務所　蕭雄淋律師
初版一刷／2000 年 10 月
定　　價／新臺幣 200 元

北區總經銷／揚智文化事業股份有限公司
地　　址／台北市新生南路三段 88 號 5 樓之 6
電　　話／(02)2366-0309　2366-0313
傳　　真／(02)2366-0310

南區總經銷／昱泓圖書有限公司
地　　址／嘉義市通化四街 45 號
電　　話／(05)231-1949　231-1572
傳　　真／(05)231-1002

ISBN　957-818-115-9
網址：http://www.ycrc.com.tw
E-mail：tn605547@ms6.tisnet.net.tw

＊本書如有缺頁、破損、裝訂錯誤，請寄回更換＊

國家圖書館出版品預行編目資料

田立克／王珉著. - - 初版- -臺北市：生智
，2000〔民 89〕
面： 公分. - -（當代大師系列；18）

ISBN 957-818-115-9（平裝）

1.田立克（Tillch, Paul, 1886-1965）- 學
術思想 - 哲學 2. 田立克（Tillch, Paul,
1886-1965）- 學術思想 - 神學

242   89003284